박정희 정신

김제방 역사서사시집

문학공원 시선 226

박정희 정신

김제방 역사서사시집

대한민국 역사를 보여주는 詩

이제 대한민국은 '박정희 정신'으로 선진국 반열에 올랐다
1961년 5·16혁명 당시 한국은 세계 200여 개국 중 끝에서 네 번째로 가난한 나라였다
모든 나라가 부러워하는 대한민국이다 선진국에 적합한 사관(史觀)
'5·16혁명'을 새롭게 정의할 때가 되었다

문학공원

서시

시작이 반이다

국민의힘 당대표 출마 윤상현 의원(인천 · 4선)이
2023년 1월 5일 경상북도 구미시 박정희 대통령 생가에서
"박정희 정신으로 수도권 진격"을 외치며
"영남에 국한되는 국민의힘이 아니라
수도권에서 이길 수 있는 국민의힘을 만들어 달라"며
당 대표 출마를 선언했다
박정희 대통령 생가에서 출마선언을 한 이유에 대해선
"박정희 대통령은 무(無)에서 유(有)를 창조했고
새로운 혁명적 변화를 가져왔다
혁신 그 자체인 '박정희 정신'을 상기하려고
이 자리에 섰다"고 설명했다
둑이 무너질 때에도 쥐구멍으로부터
물이 새기 시작한다고 했다

제1장 시작이 반이다

제2장 오리엔트 통일한 페르시아

제3장 총체적 리스크 정국

제4장 10월 유신의 추억

제5장 미움받지 않은 위인은 없다

제6장 도쿄 한·일정상회담

제1장

시작이 반이다

안철수 당대표 출마선언

여권 핵심부의 나경원 전 의원에 대한
당권 불출마 압박이 거세지는 가운데
안철수 국민의힘 의원이 2023년 1월 9일
3·8전당대회 대표 경선 출마를 공식 선언했다
안 의원은 기자회견을 열고
“170석 압승을 위해서는 수도권 121석 중
70석은 확보해야 한다”며
“오직 총선 승리를 이끌 경쟁력만으로
당대표를 선택해달라”고 말했다
이날 출마선언엔 당권주자 윤상현 위원이 축전을 보냈다
앞서 안 의원도 윤 의원의 출정식 때 축전을 보냈다
여론조사 1위를 달리는 나경원 전 의원은
침묵에 들어갔다
반면 국민의힘 청년당원 100명은 이날 국회에서
나경원 전 의원의 출마를 요청하는 기자회견을 열었다

창원 간첩단

국가정보원과 경찰이 북한의 지령을 받고
2016년경부터 '민중자주통일전위'라는
반정부단체를 결성해 활동한 혐의로
경남 창원의 부부활동가 등을 수사 중인 것으로 전해졌다
경남지역 진보단체에서 활동해온 이들은
캄보디아 등 복수의 동남아 국가에서
북한 관련 인사를 접촉해 지령을 받은 것으로 알려졌다
국정원은 문재인 정부 시절 혐의를 포착해
내사를 진행하다 중단된 후
최근 수사를 재개한 것으로 알려졌다

피의자 이재명 출석

이재명 더불어민주당 대표가
2023년 1월 10일 '성남FC 불법 후원금 의혹' 사건으로
검찰에 출석해 12시간 동안 조사를 받고 나왔다
현직 야당 대표가 피의자 신분으로
검찰의 소환조사를 받은 건 처음이다
이날 오전 수원지방검찰청 성남지청 출석에 앞서
민주당 지도부 등 야당의원 50여 명은
검찰출석 현장에 대거 출석 "이재명 체포하라"
"우리가 이재명" 구호 아래
성남지청 앞은 이재명 대표의 지지자와
보수단체 회원 등 1,100여 명이 몰려 대결을 보였고
당 안팎에선 이 대표 체포 동의안 제출이
임박했다는 전망이 나오는 가운데
민심을 잡으려면 이 대표를 분리해야 한다는
내부 목소리도 점점 커질 것으로 보이며
이재명 대표 수사 정국은 이제 시작일 뿐이다

친명계 좌장 정성호

이재명 대표의 검찰 출석 현장에
민주당 의원 40여 명이 동행한 가운데
친명계 좌장으로 꼽히는 정성호 의원은 참석하지 않아
눈길을 끌었다
정 의원과 함께 이 대표의 '원조 친명계'로 불리는
측근 그룹 7인회에선
문진석·김남국·김병욱 의원만이 참석했고
정 의원 외에 김영진·임종성 의원과 이규민 전 의원은
현장을 찾지 않았다
이재명 변호사비 대납 의혹을 받고 있는
김성태 전 쌍방울회장이 태국에서 체포되면서
검찰 수사에 새 변곡점이 될 수 있다는 전망이 나온다
김성태 전 회장은 2022년 5월 싱가포르로 떠난 뒤
거처를 태국으로 옮겨 머무르고 있었다

나경원 해임

윤석열 대통령은 1월 13일
국민의힘 나경원 전 의원을
저출산고령사회위원회 부위원장과
기후환경대사직에서 해임했다
나 전 의원이 “나는 당신들이 ‘진정으로’ 윤석열 정부의
성공을 위한다고 생각하지 않는다”며
친윤 진영을 비판한 지 7시간 만이다
정치권에서는 나 전 의원이 이날 오전
부위원장 사직서를 제출한 게
국민의힘 당대표경선 출마를 예고로 받아들여지면서
윤 대통령도 결국
‘해임’ 결정을 내린 것이란 관측이 나온다
윤석열 대통령은 해외 순방 하루 전날
해임이라는 초강수를 꺼내든 것이다

윤 대통령 UAE 순방

윤석열 대통령 새해 UAE 첫 순방…
세일스 외교로 박정희 시대에 이어
'제2중동 붐'노려 1월 14일부터 6박 8일 일정으로
UAE와 스위스를 방문하는 새해 첫 순방에 나선다
윤 대통령은 무함마드 빈 자예드 알나흐얀 대통령 초청으로
14-17일 UAE를 첫 국빈 방문해
전방위적인 세일즈 외교를 펼칠 계획이다
이를 위해 100여 개 기업으로 구성된
경제사절단도 동행하고 추경호 경제부총리
원희룡 국토교통부장관 · 이창양 산업통상자원부 장관
이종호 과학기술정보통신부 장관 등과
이재용 삼성전자 회장 · 최태원 SK그룹 회장
정의선 현대자동차그룹 회장 · 구광모 LG그룹 회장
신동빈 롯데그룹 회장 · 김동관 한화 부회장 등이 참석한다

무함마드와 정상회담

윤석열 대통령의 국빈방문을 계기로
아랍에밀레이트(UAE) 정부가 1월 15일
한국에 300억 달러(37조 원)에 이르는
대규모 투자를 결정했다
UAE 역사상 최대 규모의 국가 간 투자결정에
한국 정부는 민간기업을 포함한
한 · UAE 투자 협력 플렛폼을 구성하기로 했으며
이번 UAE 방문을 통해
'제2의 중동 붐'으로 경제위기를 돌파하겠다는
윤 대통령의 구상이 구체화됐다
무함마드 대통령은 윤 대통령에게
"어떤 상황에도 약속을 지키는 대한민국에
대한 신뢰로 300억 달러 투자를 결심했다"고 말했다고
대통령실이 전했다
한국 대통령이 국빈자격으로 UAE를 방문한 것은
1980년 양국 수교 후 처음이다
이날 두 정상이 지켜보는 가운데 원자력 · 에너지 · 투자
방산 분야에서 양국 간 전략적 협력을 강화하는
양해각서 13건이 체결됐다

윤 대통령에 최고예우

UAE를 국빈방문 중인 윤석열 대통령은
1월 15일 최고 수준의 예우를 받으며
무함마드 빈 자이드 알 나하얀 UAE 대통령이 주최한
오찬에 참석했다
중동에서 최고의 귀빈에게만 제공한다는
낙타고기를 오찬 메뉴로 대접한 무함마드 대통령은
"한국의 형제들에게 따뜻한 설 인사와 UAE 방문에 대한
환영의 뜻을 전한다"고 말했고
윤 대통령과 부인 김건희 여사는 환대에 감사를 표했다
오찬에는 이재용 삼성전자 회장 · 최태원 SK그룹 회장 ·
정의선 현대자동차그룹 회장 등
우리 경제계 인사들도 참석했다

한 · UAE 정상회담을 앞둔 이날 오전
UAE 대통령궁 상공에는
7대의 UAE 공군 전투기가 편대를 이뤄
적색과 청색의 비행운을 내뿜으며
저공 비행하는 '에어쇼'가 펼쳐졌다
이날 열린 공식 환영식에 윤 대통령과 김건희 여사는
UAE 측 의장대를 사열했고 21차례의 예포를 발사했다
UAE는 14일 윤 대통령이 탑승한 공군기 1호기가

UAE 방공식별구역에 들어서자
좌우로 2대씩 총 4대의 공군 전투기를 출격시켜
공군 1호기를 호위했다
UAE 아부다비 왕실공항에는
압둘라 알 나하얀 외교장관
수하일 알 마즈루이 에너지 인프라 장관
누라 알 카비 문화청소년 장관 등
UAE 측 고위급 인사들이 마중 나와
윤 대통령과 김건희 여사를 영접했다
압둘라 외교장관은 무함마드 대통령의 친동생이다

신뢰 상징 바라카원전

윤석열 대통령은 1월 16일
UAE와의 경제협력을 상징하는
바라카 원전 3호기 가동식에 참석했다
이재용 삼성전자 회장
정의선 현대자동차그룹 회장
추경호 부총리 겸 기획재정부 정관
박진 외교부 장관
이종호 과학기술부 장관
원희룡 국토교통부 장관
주호영 국민의힘 원내대표 등이 동행했다
이명박 정부 시절인 2009년 수출한 바라키 원전은
2024년까지 한국형 원전 4기를 짓는
국내 해외 건설사상 최대 프로젝트다
수주금액은 186억 달러(23조 원)
'사막 위의 기적'으로 불리는 바라카 원전은
아랍권 최초의 원전이자
한국이 해외에 처음 수출한 원전이다

바라카 원전은 지난 15일
무함마드 UAE 대통령과의 정상회담에서
300억 달러(37조 원) 규모 투자를 이끌어내는

결정적 계기가 됐다
문재인 정부의 탈원전 정책으로 갈등을 빚었던
무함마드 대통령은 윤 대통령에게
“어떤 상황에서도 약속을 지키는 대한민국에
대한 신뢰로 300억 달러 투자를 결심했다”고 밝혔다
한국은 바라카 원전 수출로 미국 · 프랑스
캐나다 · 러시아 · 일본에 이어
세계 6번째 원전 수출국이 됐고
현재 근로자 5,161명 중 한국인은 1,780명이다
한국은 바라카 이후 13년만인 지난해 8월
이집트 엘다바 원전 프로젝트(3조 원 규모) 수주에 성공했다
폴란드와도 정부 간 양해각서 및
기업 간 협력의향서를 체결하며
수주에 박차를 가하고 있다

나경원 당권도전 의지

나경원 전 의원이 1월 16일 보수 진영이 배출한
이승만 · 박정희 · 김영삼 대통령의 묘역을
차례로 참배했다
친윤진영의 반대에도 불구하고
사실상 당권 도전의지를 공개적으로 밝힌 것이다
그는 참배 뒤 페이스북에
"자랑스러운 보수를 만들기 위한
저의 길은 계속될 것"이라고 밝혔다

대장동 수사 정점

대장동 · 위례 개발 비리를 수사 중인 서울중앙지검이
이재명 더불어민주당 대표에게 출석해
조사를 받으라고 16일 통보했다
수원지검 성남지청이 '성남FC 후원금 사건 피의자로
이 대표를 소환한 지 6일 만이다
검찰은 두 사건을 묶어 이 대표의
구속영장을 청구할 가능성이 있다
서울 중앙지검 반부패수사1부 · 3부는 이날
이 대표 측에 특정범죄가중처벌법상 배임
공직자 이해충돌방지법 위반 등 혐의 피의자로
검찰에 설 연휴 뒤인
27일이나 30일 출석하는 방안을 조율 중이다
대장동 개발사업 당시 성남시장이던 이재명 대표는
민간업자들에게 편의를 제공해
4,040억 원의 수익을 챙기게 하고
그만큼 성남시에 손해를 입힌 혐의와
정진상 당시 성남시장 정책비서관 등
이 대표 측근들이 대장동 민간업자들 측으로부터
428억 원을 받기로 약속한 것으로 의심한다

대통령의 외교리스크

윤석열 대통령의 '가벼운 입'이 또 논란을 낳고 있다
이번에는 국내문제가 아닌 국제적 이슈다
그중에서도 중동국가들과
미국 등 서방의 이해관계가 복잡하게 얽힌
민감한 문제에 대한 발언이어서
상당한 외교적 파장으로
이어질 수도 있다는 우려가 나온다
윤 대통령은 UAE 방문 중이던 1월 15일
UAE에 파병된 아크부대를 찾아
"우리의 형제국가인 UAE의 안보는
바로 우리의 안보"라며
"UAE의 적은, 가장 위협적인 국가는 이란이고
우리의 적은 북한이기 때문에
우리와 UAE는 매우 유사한 입장"이라고 했다
이란 외교부가 16일 "이란과 이웃국가 간
관계에 참견하는
윤석열 대통령의 최근 비외적 발언"에 대해
한국 측 설명을 기다리고 있다고 밝혔다

민주노총 압수수색

민주노총 간부들 북 지령받아 반정부
조직 시도… 국가정보원과 경찰이
1월 18일 민주노총 전 · 현직 간부 4명의 자택과
이들의 근무지인 서울 정동
민주노총본부 사무실 등을 압수수색했다
방첩당국은 경기도 수원 · 광주광역시 · 전남 · 제주 등
전국 10곳 안팎의 사무실과 주거지 · 차량
영등포구 보건의료노조 사무실에 대해서도
압수수색을 진행했다
방첩당국은 압수수색 대상 중 일부가
중국으로 출국하려는 움직임을 포착해
이날 압수수색에 나선 것으로 전해졌다

윤대통령 세일스 외교

다보스 포럼 참석차 스위스를 방문 중인
윤석열 대통령이 부인 김건희 여사와
1월 18일 다보스의 한 호텔에서 열린
'글로벌 최고경영자(CEO)와의 오찬'에 참석했다
국내외 주요 기업인들을 초청해
공급망 안정 · 디지탈 전환 · 기후변화 대응 등
글로벌문제에 대한 해결책과
민간과 정부의 바람직한 관계 등을 논의하기 위해서다
한국 CEO는 이재용 삼성전자 회장 · 최태원 SK회장
정의선 현대자동차 회장 등 6명이 참석했고
해외기업 중엔 인텔 · IBM · JP모건 · 히타치 · 네슬레 등
15개 기업이 참석했다
윤 대통령은 이날 저녁엔 다보스의 한 호텔에서 열린
베스타스 투자신고식에 참석했다
베스타스는 덴마크 기업으로 풍력터빈 제조 세계 1위다
헨리켄 안데르센 CEO는
한국에 3억 달러(3,700억)를 투자할 예정이라고
이창양 산업통상부장관에게 신고했다

건설노조 압수수색

경찰이 건설 현장 불법행위와 관련해
한국노총·민주노총 등 양대 노총
건설노조 사무실 14곳을 전격 압수수색했다
경찰은 수십 년간 지속된 건설현장의
불법행위를 뿌리 뽑겠다며 단행한 첫 압수수색이다
118개 건설사 건설노조에 1,686억 뜯겨…
양대노총 압수수색… 원희룡 건설부장관은
"건설사들이 보복이 두려워 신고하지 못했다"며
노조 횡포가 건설사의 자포자기·
솜방망이 처벌로 이어지는
악순환을 끊겠다고 했다

대통령의 실언 후폭풍

이란 정부가 1월 18일 테헤란 주재 한국대사를 초치해
윤석열 대통령의 'UAE 적은 이란'이라는
발언에 대해 항의했다
외교부도 19일 주한 이란대사를 불러들여
"윤 대통령의 발언은 우리 장병들에 대한
격려 차원의 말씀"이라는 기존의 입장을 재강조했다
윤 대통령의 발언 파장이
상호 대사 초치로 이어지면서
외교 문제로 번지는 것 아니냐는
우려가 제기되고 있다

文정부 블랙리스트

문재인 정부가 이전 정권에서 임명된
공공기관장들에게 사직을 강요했다는
'블랙리스트'에 대한 검찰의 수사결과가 나왔다
검찰은 백운규 전 산업부 장관
조명균 전 통일부장관
유영민 전 과기부장관
조현옥 전 청와대 인사수석
김봉준 전 인사비서관 등 5명을
직권남용권리행사 방해 혐의로 재판에 넘겼다

민주당 공식입장 없다

국가정보원의 민주노총 입수수색을 두고
더불어민주당은 미묘한 행보를 이어가고 있다
내부적으로는 국정원발 공안정국이라며 부글부글하면서
당차원의 공식 반응은 자제하는 분위기다
이 같은 민주당 내 기류를 놓고 노조보호 명분보다
간첩사건 리스크를 더 크게 본 것 아니냐는 시각이다
당 지도부의 한 의원은 "검찰이 대북송금 문제로
이재명 대표를 엮으려 할 수도 있다"고 말했고
조응천 의원은 "대북송금 과정이
아태협이라든가 이런데 관련돼 있고 규모도 방대하고
여러 번에 걸쳐 있기 때문에
그 과정에서 상상하지 못하는 여러 가지 얘기가
또 나올 수도 있겠다"고 말했다

이유 있는 바이코리아

폴란드 15조 · 사우디 36조 · UAE 37조 투자
이끈 비결은 무엇인가?
2023년 1월 14-17일 UAE를 국빈방문한
윤석열 대통령에게 UAE는
300억 달러 규모 투자를 약속했다
48건의 양해각서도 체결했다
이재용 삼성전자 회장
정의선 현대자동차그룹 회장 등 기
업인 10여 명이 경제사절단으로 동행한 가운데
한국에 대한 전폭적 신뢰를 보낸 것이다
UAE 방문을 마치고 19일 스위스 취리히에서 열린
다보스 포럼에 참석한 윤석열 대통령은 특별연설을 통해
"반도체 · 이차전지 · 철강 · 바이오 분야에서
세계최고의 생산기술과 제조 역량을 보유한
글로벌 공급망의 핵심 파트너가 될 것"이라며
"대한민국 1호 영업사원"을 자처했다

정상외교 만으로 이런 성과를
설명하기는 어렵다는 해석이다
대대적인 바이 코리아(Buy Korea)에 나선 국가는
UAE만이 아니기 때문이다

지난해 폴란드는 한국으로부터 K2전차와
K9자주포 등 124억 달러어치의 무기를 사들였다
사상 최대치였던 한국의 지난해 전체 방산 수출액
170억 달러의 73%가 폴란드였다
사우디아라비아도 한국에 오일머니를 쏟아붓고 있다
한국이 강점을 갖춘 분야이기는 하지만
이들은 왜 바이코리아에 열을 올리고 있을까
복수의 취재원의 전언을 종합해보면 크게
4가지 이유로 풀이된다고 한다

① 어떤 상황에도 약속을 지키는 한국
② 한강의 기적을 이룬 한국의 집약적인 고도성장에 대한 동경
③ 한국이 전략산업을 중공업에서 반도체와 정보기술(IT) 분야로 선회한 것
④ K팝과 K드라마 등 한국문화에 대한 호감과 친밀감이 작용하고 있다는 것

등이다

영화배우 윤정희 별세

영화배우 윤정희 씨가 1월 19일
프랑스 파리에서 별세했다 향년 79세로
남편인 피아니스트 백건우(77) 씨는
이날 “제 아내이자 오랜 세월 대중들의 사랑을 받아온
배우 윤정희가 19일 오후 5시
딸 진희의 바이올린 소리를 들으며
꿈꾸듯 편안한 얼굴로 세상을 떴다”며
“생전 진희 엄마의 뜻에 따라 장례는
파리에서 거족과 함께 조용히 치를 예정”이라고 했다
1967년 영화 ‘청춘극장’으로 데뷔한 고인은
총 330여 편의 영화에 출연했다
남편 백건우 씨에 따르면
고인은 2010년부터 알츠하이머병을 앓아왔다

설 연휴의 화재

1월 21-24일 설 연휴(22일 설날)의
최대 화제는 난방비 폭탄이다
더불어민주당 측이
"설 밥상의 최대화제는 난방비 폭탄"이라고 하자
국민의힘은 "민주당이 정쟁적으로 이용하는 것은
바람직하지 않다"고 응수했다
민주당은 이재명 대표가 제안한
'9대 긴급 민생 프로젝트' 재원 마련을 위한
추경안을 압박하자 국민의힘은 난방비 급등 원인을
문재인 정부 탓으로 돌리며
"추경은 이 대표의 사법리스크를 덮기 위한
전략적 발상"이라고 일축했다
그런가 하면 '냉동고 한파'에 전국이 갇혔고
강풍과 폭설로 하늘길이 막힌 제주공항 대합실은
항공편을 구하려는 이들로 붐볐다
항공편 476편이 모두 결항돼
43,000명의 발길이 묶여서다

윤대통령의 순방 성과

윤석열 대통령은 300억 달러 투자 유치 등을 들어
이번 2개국 순방이 "역대 최대 성과"를 냈다고 보고 있다
순방기간 중 여론조사는 소폭의 하락세가 이어져
순방을 계기로
상승세 굳히기 흐름을 만드는 데는 실패했다
순방기간 중 극대화한 국민의힘 전당대회 '윤심' 논란과
윤 대통령의 "UAE의 적은 이란" 발언이
부정적 요인으로 작용했다
이에 따라 대통령실과 여당은 순방 성과를 띄우고
'이란' 발언 등 논란을 최소화하는 방향으로
여론전에도 본격 나설 것으로 보인다
지난 21일 귀국한 윤 대통령은 국정 복귀까지
조용한 설 연휴를 보냈고
설 당일인 22일에는 한남동 관저로
가족과 친지들을 초청해
손수 끓인 떡국을 나눠 먹은 것으로 전해졌다

중동의 역사

내가 중동 역사에 관심을 갖게 된 계기는
중동 출장이었다
1974년 '중동 건설붐'을 통해
건설회사들이 중동에 진출하면서
공인회사들에게도 해외 출장기회가 주어진 것이다
15년 연속 사우디아라비아 출장과
5회에 걸친 이란 출장이
아랍에밀리트(UAE)·바레인 · 카타르 출장으로 이어지면서
자연스럽게 오리엔트 역사에 관심을 갖게 되었다
감사가 끝나면 그리스 · 이스탄불 · 로마로
역사 여행을 다니면서
자연스럽게 세계사 공부를 시작하게 되었다

역사 산책

많은 사람들이 살고 있는 지구상에는
어제와 오늘 그리 내일도 끊임없이
인류라고 하는 이름의 주인공들이 엮어내는
웅대한 드라마가 있다
역사라고 하는 드라마
역사의 물결을 거슬러 올라가 보면
고대 오리엔트 역사에 도달하게 된다
오늘날 중동(中東)이라고 하는 사막지대에
나일강의 선물인 태양의 나라 이집트
비옥한 초승달 지대로 알려진
메소포타미아의 티그리스강과 유프라테스강
그 주변에는 에덴 동산 · 노아의 방주가
함무라비 법전이 있었고
오리엔트를 통일한 페르시아 제국이 있었다
페르시아 제국은 '이란'으로 국명을 바꿨다
윤석열 대통령이 "UAE의 적은 이란"이라고
한 그 나라다

알렉산더 대왕의 동방 원정으로 무너진 페르시아 제국
고대 오리엔트의 역사는 막을 내리고
세계의 중심은 동(東)에서 서(西)로 옮겨가고 있었다

그때가 기원전 330년경의 일이다

고대 오리엔트의 찬란한 문명은 알렉산더 대왕의
동서 융합정책으로 세계 역사의 두 번째 막을 장식하는
고대 그리스 문명 헬레니즘 시대의 물결을 타고 내려오다가
헬레니즘 시대에 황혼이 깃들고
지평선 저쪽에는 또 하나의 거대한 세계 로마 제국이
세 번째로 우뚝 솟아오르고 있었다
모든 길을 로마로 통하게 하기 위하여
창과 방패를 휘두르는 사나이들
로마를 세계의 정상으로 올려놓은 시대의 영웅
시저(Caesar : BC100-44)
안토니우스(Antonius : BC82-30)
클레오파트라(Cleopatra : BC69-30)의 비극적 사랑이 있었다

불타는 시가지를 내려다보면서
시를 읊던 폭군 네로(Nero : 재위 AD54-68)의 광기(狂氣)
끊임없는 박해를 받아가면서도 파고든 기독교도들의 집념
그 역사의 물결은 20세기 후반
인류의 위대한 번영을 구가하는 서구문명으로 발전했다
인간은 미지의 세계에 도전하고
도전을 통해 신화(神話)를 낳는다
예술을 창조하고 문명을 탄생케 하고 역사를 남겼다
미래를 개척하여 꿈을 실현시키고 한 세대가

가면 다른 한 세대가 뒤를 잇고
한 세대가 가면 다음 세대가 시작된다
성장과 성숙을 거듭하는 그 물결을 타고
역사는 한없이 이어지고 또 이어지고 있다
우리는 그 물결 위에 올라 그저 흘러가고 있을 뿐이다
어제와 오늘 그리고 내일도… 아주 영원히…

서울의 테헤란로

이란의 팔레비왕 호시절 테헤란로가 만들어졌다
당시 강남을 관통하는 테헤란로에는
개발 전이라 빌딩도 하나 없었다
서울에 테헤란로(路)
테헤란엔 서울로(路)가
1977년 서울시와 테헤란시의 자매결연
표시로 각각 세워졌다
1979년 비운의 지도자가 된 두 나라 정상(頂上)
강남 전철역 앞에 1990년 초까지 있던
서울특별시장과 테헤란시장의 '자매결연 비석'은
어느 사이엔가 '테헤란로'로 바뀌어 있었다

메소포타미아 문명

메소포타미아 남부 지역에 일찍 들어온 민족
수메르인이 만들어낸 문명이 메소포타미아 문명이다
기원전 3500년경 이들이 만들어낸 것으로
티그리스강과 유프라테스강은 터키 계곡에서 발원하여
페르시아만으로 흐른다
강 유역은 주변의 사막 · 고원이 여러 민족에게 개방되어
수많은 민족의 이주와 정복 · 지배자가 뒤바뀐
역사가 형성되었다

수메르인의 신화는 '구약전서' 창세기 노아의 홍수이야기다
기원전 586년 유대인들이 나라를 빼앗기고
바빌론에 끌려가 포로생활을 하면서
그곳에서 들은 수메르인의 홍수 전설을 기억
기원전 400년경 창세기를 최종적으로 편집할 때
유대인의 신화로 변형
노아의 홍수 이야기를 만들었다고 한다

알파벳 문자

수메르인은 일찍이 문자가 있었다
문자의 처음 형태는 선형문자(線形文字)로
쓰기와 표현에 어려움이 많았다
후에 쐐기 모양의 설형문자(楔形文字)로 만들고
갈대 줄기를 펜으로 진흙판 위에 설형문자를 적고
불에 구워 보존하였으니
후세에 페니키아인(레바논)들이
이 설형문자를 다듬어 알파벳을 만들었다
이것이 오늘날 알파벳의 시조다

페르시아 대제국

이란 건설현장 파업으로 관광의 기회가 왔다
3일 동안 우리는 이란의 고도를 찾았다

인도유럽어족의 키루스가 기원전 538년
메디아의 왕위를 빼앗고 리디아를 정복
신바빌론을 점령했다
캄비세스 2세는 이집트를 정복
다리우스 1세는 그 영토를 더욱 확장하여
오리엔트 전체를 완전 통합하고
페르시아 대제국(大帝國)을 수립하였다
페르시아 제국의 발상지요
시인(詩人)의 도시 시라즈(Shiraz) 근교에는
넓은 호수(湖水)가 있다
옛날에는 바다였다는 이곳 호수
수증기가 증발하는 여름엔 소금밭이 된다
눈비가 내리는 겨울은 물이 되어 출렁거린다
우리가 갔을 때는 한강이 얼어붙은 빙판 같은
끝이 보이지 않은 소금밭이었다

페르시아의 고향

시라즈에서 80km 지점에는 페르시아의
고향 페르세폴리스가 있다
다리우스 대왕이 페르시아 제국을 세운 곳으로
그로부터 200년 후
동방 정복을 꿈꾸던 알렉사더 대왕에게 먹혀
페르시아 왕궁은 불타버리고 잔영만 남아 있다
석축 · 초석 · 돌기둥 · 비석이 말해주듯
궁전은 라마드산을 배경으로 황성 옛터가 되어
인간의 부질없는 욕심이
무너진 석축에 알알이 새겨져 있다

고도 이스파한

세계의 절반이라 자랑하던
이란의 고도(古都) 이스파한(Isfahan)
사파비 왕조(1502-1736)의 서울에는
지금도 300만 인구의 대도시다
아름다운 꽃
알리쿠아푸 궁전 · 루투폴라 사원 · 샤 사원 등
옛 영화를 말해주고 있다
이스파한을 재건한 압바스 대왕은
러시아 국경에 군대를 보내 함락하고
그곳 줄파 시민을 잡아다가
이스파한에 정착시키고 종교의 자유를 주고 보호하였다
이스파한의 이방지대로 불리는 줄파교회가
상징으로 서 있다
이들은 아르메니아 사람들로
기독교박물관에는 성경 구절이 새겨진 머리카락을
현미경으로 볼 수 있다
아르메니아어로 된 크고 작은 성서와
포로생활 350여 년 동안 성서를 구심점으로
1만여 명의 이교도가 이슬람 한가운데 외롭게 살고 있다
시내 한복판에는 옛날의 향수를 간직한
33개의 수문이 있는 소세풀 다리 밑을 흐르는

물 하류는 바다가 아닌 사막 모래사장으로 스며든다
다리 위에는 손을 벌려 구걸하는 어린이들
자리 펴고 앉아 한 푼을 놓고 가기를 애원하는
차도르 여인들
옛부터 이란에는 눈물단지가 있었다
길 떠난 남편을 기다리는 여인이 쓸쓸하여
눈물이 흐르면 단지에 받아두었다가
돌아온 남편에게 보이곤 하던 눈물단지
십자군 전쟁 때 출정하는 유럽인들
사랑하는 아내에게 정조대를 채웠다지만
페르시아 여인들은 사랑의 상징으로
눈물단지를 품고 살았다
소세풀 다리 위에 앉은 차도르 여인들은
이란과 이라크의 8년 전쟁 미망인으로
이들에겐 눈물단지가 있다 해도
보여줄 남편이 없다
전쟁으로 버림받은 거리의 여인들
이슬 머금은 꽃처럼 눈가에는 서글픔이 배었다

호메이니의 무덤

이스파한에서 테헤란 가는 고속도로
사막의 민둥산 평야의 연속
물을 주면 금새 초원이 될 듯한 대지 위에
테헤란 근교에는 3%의 상류층을 추방하고
대중의 편에서 민족주의를 주창하던
호메이니의 무덤이 있다
화려한 회교식으로 축성하고 있었다
독재자 팔레비 왕을 몰아낸 이란인들
독재자 호메이니 무덤에 엎드려 기도하는
모습이 이채롭게 보였다

카스피해의 아침

테헤란 북쪽 해발 3,800m 병풍산맥을 넘어간다
20리터 물통 2개를 싣고…
풀 한 포기 없는 계곡에 댐 물이 푸르다
테헤란시의 수돗물 수원지란다
계곡으로 물이 힘차게 솟구치며 흘러간다
중턱을 올라갔을 때 차 엔진이 꺼졌다
택시기사는 싣고 간 물을 부어 엔진을
식히고 다시 올라간다
산꼭대기에 닿을 무렵 또 엔진이 꺼졌다
나머지 물 한 통을 부어 식힌다
내리막길은 나무가 무성하고 폭포도 있다
테헤란에서 보면 사막인데
카스피해 쪽에서 보면 푸르른 산이다
동전 양면을 보는 것 같다
산을 다 내려갔을 때는 날이 어두워 보이지 않던
바닷물이 자고 일어나 아침에 보니
카스피해 물 위로 아침 해가 솟아 오른다
잔잔한 파도 아침도 붉고
갈매기 무리지어 바다를 날고
산 너머 이란 고원에서 불어오는 사막의 열풍
팔 벌려 가로막는 듯한 병풍산 산봉우리를
스쳐 가는 한 점 구름이 그림되어 걸려 있다

칭기스칸의 침입

이란 북부 터키 쪽에는 고도
타브리즈(Tabriz)라는 도시가 있다
세계제국을 건설한 몽고
광대한 영토와 민족을 일률적으로 통치하기엔
역부족이었던 칭기스칸(成吉思汗 : 1206-1227)은
왕족과 공신들에게 영토를 분할 통치토록 하고
손자 쿠빌라이(世祖:1260-1294) 때에는
몽고제국을
중국의 원(元)나라
킵차크한국(汗國)
일한국(汗國)
차카타이한국(汗國)
오고타이한국(汗國) 등으로 분리해
타브리즈(Tabriz)는 일한국의 수도로
이란 · 이라크 지방을 통치하였다

동방견문록

마르코폴로는 아버지를 따라
중국에서 20년간 생활하다가
원(元)나라 공주가 일한국의 수도 타브리즈로
시집가는 것을 바래다주고
배를 타고 그의 고향인 베네치아로 돌아갔다
200년간의 십자군전쟁이 끝나갈 무렵
베네치아와 제노바가 전쟁을 하고 있었다
마르코폴로는 전쟁에 참가했다가
포로가 되어 수용소생활을 하였다
심심풀이로 아시아를 여행하면서
보고들은 이야기를 동료에게 들려주었다
같은 포로였던 피사의 루스티챠노가 이를 글로 써
책을 내게 되었으니 그게 저 유명한
마르코폴로의 『동방견문록』이다
이 책은 문예부흥기 유럽의 동방에 관한
지식의 유일한 원천이 되었다고 한다

환상의 세계?

나는 3번의 타브리즈 출장 기회가 있었다
한번은 테헤란으로 돌아갈 비행기가 오질 않았다
불순한 기상조건에 날은 저물고
다음날 그리스로 가는 일정이 잡혀있었다
초조하게 기다리고 있었다
때마침 도착한 비행기는 먹구름을 뚫고
하늘로 솟아 올라갔다
“참으로 환상이네요”
동행한 김병묵 이사의 감탄사였다
어둠과 달빛 달빛과 어둠뿐인 우주공간에
조각배를 타고 망망대해를 가는 그런 느낌이었다
처음 경험하는 광경이 눈앞에 펼쳐져
그저 감탄할 수밖에 없었다
비행기는 어느덧 먹구름을 뚫고 착륙했다
테헤란 공항 활주로엔 빗물이 흘렀다
중동 출장 15년 동안 처음 맞아보는
천금 같은 단비였다

사막의 포성

사막의 저녁노을도 환상적이다
그런가 하면 포성이 진동하는 중동이다
이라크와 이란의 8년 전쟁
이라크의 쿠웨이트 강점으로 시작된 전쟁
고립된 사담 후세인 대통령
그 분쟁의 내막을 누가 알까마는
강대국에 의해 고무된 사우디아라비아와
쿠웨이트 · UAE·바레인 · 오만 · 카타르 등
이른바 GCC 왕국들
호메이니 회교혁명의 위협으로부터
자신들을 보호해 달라는 명분으로
이라크를 8년 전쟁으로 몰아넣었다고
이것이 아랍인들의 이기주의의 산물인가

강력한 군사력으로 GCC 왕국들 사이에서
거북스런 존재가 된 이라크
이라크를 이란과 끝도 없는 전쟁으로 몰아
이라크의 힘을 빼겠다는 속셈이라 했다
원인이야 어떻든
이란 · 이라크의 8년 전쟁은 1백만 명의 목숨을 앗아갔고
국토는 황폐화되어

눈덩이처럼 불어난 부채로 고생하는 이라크
전쟁 전 GCC 왕국들
전쟁 비용을 부담하기로 약속했지만
전쟁이 끝나자 쿠웨이트를 선두로 약속 이행을 거부했다니
처음부터 그들의 속셈은 서로 달랐을까

잘사는 나라 못사는 나라
잘사는 계층 못사는 계층
빈부격차가 극심한 아랍권의 갈등
국민들에게 신앙제일주의를 강요하는
가증스러움에 환멸을 느끼는 사람들은 누구던가
사담 후세인 뱃심에서 위안받으려는
이라크인 열악한 조건 속에 다 같이 못살던
아랍권 형제들
서양사람들이 몰려와 개발해 준
석유이권 움켜쥔 사람들은 잘 살고 그렇지
못한 삶은 못사는 아랍권의 현실이다

사막의 저녁노을

못살아도 숙명으로 치부하는 아랍인들이지만
있는 자와 없는 자로 양분하려는 단순 논리
통용되는 단순논리 틈새에서
없는 자 편에 서서 호메이니가 성공하고
후세인은 빈민 편에서 아랍권 단결을 호소
언젠가 이 땅에서 석유가 고갈되면 가진 자들은
돈 보따리를 챙겨 외국으로 도피할 것이고
이 땅을 지켜야 할 사람들은
없는 자일 수밖에 없다고 생각하는 빈민들
있는 자를 증오하고 있는지도 모른다
정열적인 사막의 저녁노을은 환상적이다
불빛 하늘 · 붉은 대지
공사현장 철탑 구조물에 저녁노을 투영되니
일손 털고 일어나면 고국이 그리워지는 시간
영국인 근로자도 가고 일본 근로자들도 떠나는데
왜 우리만 남아야 하는가?
집단항의하는 타일랜드 · 필리핀 근로자들
양탄자를 탄 페르시아만의 환상
은은하게 들려오는 포성이 사막에 깔린다

인도양의 푸른 물결

이슬람에서 손꼽히는 자유의 나라
두바이 · 샤자한 · 아즈만 토호국 연안에
잠든 듯 고요한 인도양의 푸른 물결
인적없는 백사장에 더위를 몰고 간다
둥글게 보이는 수평선
그건 착시(錯視)현상이 아닐까
우리나라 일직선 동해안이 아니네
파도는 어느 때 치려고…
잠잠하기만 한가?

귀로(歸路)

인종이 물결치는 홍콩의 한낮
집 가까이 왔다는 안도감에
눈두덩 짓눌러 오수가 쏟아진다
늘어지게 자고 일어나 창밖을 본다
바닷가 오피스텔 빌딩에 불이 켜지고
오색불빛 유람선 신나게 달리는데
파도가 춤추며 배 꽁무니를 따라가네

역사는 지혜의 보고

멀게만 느껴지던 역사
어렵다고만 생각되던 역사
우리 주변 가까이 걸어 놓고
매일 거울 보듯 한다면
그 속에서 응축된 생활의 지혜를
발견할 수 있을 것으로 생각했다
그러나 역사는 너무 방대하다
역사에 묻혀
아무것도 할 수 없을 것 같은 중압감을 느끼기도 한다
시작은 어디서부터
어느 부분을 어떻게
깊이는 어느 정도 파고들어야 하나?
이런 생각을 하다가 보면 먹고살기도
힘든 세상에 그저 사극이나 보면서
적당히 사는 게 현명하리라
그러나 먹고 살기 위한 방편으로
역사는 기필코 알아야 한다
왜?
역사는 지혜의 보고(寶庫)이기 때문에

역사서사시라는 괴변

아둔한 머리를 가지고
궁리 끝에 만들어진 글이 시(詩)도 아니고
산문(散文)도 아닌 얼치기 글이 되고 말았다
그저 역사서사시(歷史敍事詩)라는 괴변으로 일관하면서
역사를 공부한 것도 아니고
문학을 전공한 것도 아닌 사람이
회계 감사밖에 모르는 공인회계사가
의욕 하나만을 가지고 출발한 결과물이다
감사보고서에 회계정보를 요약하여 표시하듯
역사도 그렇게 요약해 보고자 하는 욕심이
이런 결과를 초래한 것이다
늦었지만 이제라도 사과합니다
"독자 여러분 미안합니다"

그러나

우리의 뒤집힌 역사를 기억해야 한다
1894년 '동학난'이 '동학혁명'으로
1948년 '제주 4 · 3폭동'이 '4 · 3사건'으로
1960년 '4 · 19의거'가 '4 · 19혁명'으로
1980년 '5 · 18광주사태'가 '민주화운동'으로 격상되었다
1961년 5 · 16혁명은 쿠데타로 격하됐다

이웃 나라 일본과 중국에서는
'역사 교과서 왜곡이다' '동북공정이다'
없는 것도 만들어가면서 역사를 미화시키려 하는데
우리는 '5.16혁명'을 쿠데타로 격하했다
격하가 아니라 내동댕이쳐버렸다
'쌍것들'이라 치부한다손 치더라도
어느 정도지 아주 '불쌍놈들'의 짓거리다

5·16혁명사관

우리의 역사는 강자보다는
약자 편에서 쓰인 게 사실이다
남의 나라를 침략해보지 못한 민족이다
평화를 사랑하는 민족이란 말로
우리의 나약함을 변명할 수도 없을 것이다
우리는 이기고 산 것보다
지면서 살아온 약소 민족이다
그래서 약자 편을 드는
역사를 쓸 수밖에 없었는지도 모른다
아메리카 대륙의 역사를 예로 들어보자
남의 땅을 무단으로 침략해 들어가 새로운 발견이라고
'지리상의 발견'으로 합리화하고 있다
아메리카·인디언 이름도 그들이 지어줬다
원주민이 이룩한 마야문명·잉카문명 등은
침략자들에 의해 철저하게 유린당해 파괴되고
그 자리에 전혀 다른 민족의 강대국이 건설되었다
중국의 중화사상·일본의 황국사관을 이야기하지만
정작 우리 사관은 무엇인가
종속사관·식민사관 시대를 거쳐
해방 후의 좌우이념 갈등으로
우리의 사관은 모호한 흐름을 타고 오다가

사회주의가 붕괴되는 1980에 이르러
좌파적 색채가 강하게 나타나는 기현상이 나타났다
최근에 와서는 '강자와 약자' '잘사는 사람과 못 사는 사람'
이렇게 나누어 양극화를 부채질하면서
약자 편을 드는 저급한 정치풍토가
우리사회를 지배하고 있다
'머슴사관'이다
머슴사관으로 선진국 체면을 세울 수는 없다
한류열풍으로 일본 · 중국 · 아시아를 뛰어넘어
전 세계로 향하고 있다
이제 대한민국은 '박정희 정신'으로 선진국 반열에 올랐다
1961년 5 · 16혁명 당시 한국은
세계 200여 개국 중 끝에서 네 번째로 가난한 나라였다
모든 나라가 부러워하는 대한민국이다
선진국에 적합한 사관(史觀)
'5 · 16혁명'을 새롭게 정의할 때가 되었다

제3장

총체적 리스크 정국

불출마선언 나경원

고물가에 난방비 폭탄 쪽방촌 겨울이 더 춥다
전기 · 수도 · 버스요금 등 줄인상
소득 적은 취약계층 난방비…
3 · 8 국민의힘 당대표 선거는
나경원 전 의원의 불출마로
사실상 김기현 · 안철수 의원의 2파전 양상이 됐다
나경원의 지지층이 누구에게로 향할지가 관전포인트다
나경원은 1월 25일
여의도 중앙당사에서 불출마 회견을 하고
특정 후보와 연대하지 않겠다고 밝혔다
강추위 이어 전국 폭설…
주말엔 다시 한파 전국이 꽁꽁…
나경원 사태는 여권의 치부 드러낸 집단 참사라…

이재명 처럼회와 오찬

이재명 더불어민주당 대표가 1월 25일
당내 초선 강경파 모임 '처럼회' 소속
김남국 · 김용민 · 김의겸 · 황운하 · 민병덕 의원 등
10여 명과 오찬을 했다
이 대표가 검찰 2차 출석을 3일 앞두고
자신과 가까운 의원들과 만나 결속을 다진 것으로 보인다
처럼회는 검찰개혁을 앞장서 주장했던
초선 의원들이 주축을 이루고 있는 모임으로
이들은 '개딸'(개혁의 딸)로 대표되는
열성 당원들 지지를 바탕으로
당원 민주주의 확대도 주장했다
민병덕 의원은 오찬 직후 기자들과 만나
"검찰 독재를 수수방관할 수 없는 상황이라는 데
대체로 공감했다"며
"민주당이 검찰에 좀 더 강하게 대응해 달라는
설 민심도 들었다"고 말했다

반도체 최악 한파

메모리 재고 넉 달치 쌓였다
메모리 반도체 산업 상황이 우려했던 것보다
더 악화하며 역대급 한파를 맞고 있다
SK하이닉스는 올해 10년 만에
첫 적자를 기록할 것이란 관측이다
삼성전자도 1분기 14년 만에
반도체 부문 적자 전환이 예상된다
한국경제를 떠받쳐왔던 반도체 산업이 위기를 맞으면서
경제 활력 전체가 떨어질 수 있다는 우려가 제기된다

여당 당권주자 경쟁

국민의힘 유력 당권주자인

김기현 · 안철수 의원이

나경원 전 의원의 불출마선언 하루 만인

1월 26일 충돌했다

김기현 "나는 철새정치 안 했다"

안철수 "단일화로 정권교체한 게

잘못이라는 얘기냐"

연금 고갈 비상

2023년 1월 28일 토요일
TV·일간지 신문 1면 톱기사는
연금 고갈 비상이다
▸ 국민연금 이대로 가면 2055년엔 바닥난다…
보험료 '더 내기' 공감대
연금 '더 받기'엔 의견 갈려
▸ 국민연금 2055년에 바닥
개혁 미루면 더 빨라진다…
문재인 정부 5년간 허송세월
▸ 연금개혁 미루다가 고갈 2년 빨라졌다…
연금개혁 못하면
2060년 월급 30% 국민연금으로 내야
▸ 개혁 미룬 대가 국민연금고갈 2년 빨라졌다…
문재인 정부가 미룬 연금개혁 후폭풍
보험료율 2배 올려야 고갈 막아
등등…

이재명 두 번째 檢출석

더불어민주당 이재명 대표가
대장동·위례신도시 개발사업 특혜의혹 관련
검찰조사를 하루 앞둔 1월 27일
전북 군산시 공설시장에서 연설했다
이 대표는 "군사독재 시절에도 누군가를 감옥에 보내려면
증거가 있어야 했는데 지금은 검찰이 쓰면
그게 증거가 된다"며 목소리를 높였다
검찰은 이 대표에게 의도적으로 대장동 일당에게
특혜를 주고 성남시 등에 손해를 입혔는지 등을 캐묻고
이 대표의 진술 내용을 보고
추가 조사 필요 여부를 판단할 방침이라고 한다
또 사안의 중대성과
대표의 진술 태도 등을 종합적으로 고려해
성남FC 후원금 의혹 사건과 함께
구속영장을 청구하는 방안도 검토할 계획이다

공무원 복지부동

"내년 총선까지는 제대로 일하기 어렵다"
"승진하겠다고 나서다 블랙리스트로 몰리면 저만 손해다"
요즘 사석에서 공무원들을 만나면
이구동성으로 토로하는 말이다
지금 대한민국 공직사회는 자의든 타의든 상하 막론하고
총체적 복지부동(伏地不動)이 만연해 우려스럽다
실 · 국장급 이상 고위직은 장 · 차관과
대통령실 눈치를 살피고
하위직으로 가면 '배 째라'는
냉소적 분위기가 넘친다

2022년 빅5 로펌 매출

김앤장 · 태평양 · 광장 · 율촌 · 세종 등 국내 5대 로펌이
모두 연매출 3천억을 돌파하는 시대가 곧 열린다
2017년까지만 해도 3천억을 넘어선 로펌은
김앤장 한 곳뿐이었다
1월 29일 한국경제신문 취재에 따르면
2022년 5대 로펌 매출은 다음과 같다
김앤장 - 1조3,000억 원
태평양 - 3,800억 원
광장 - 3,800억 원
율촌 - 3,040억 원
세종 - 2,985억 원으로 2022년도 5대 로펌
매출총액은 2조6,625억 원이다

이재명의 진술거부

두 번째 검찰에 소환된 더불어민주당 이재명 대표는
미리 준비해간 일방적 서면 주장만 내민 채
국민적 의혹인 '대장동 개발의혹'에 대해
12시간 동안 진술을 거부한 것으로 전해졌다
사실관계를 캐묻는 수사진을 겨냥해
"검사독재" "헌정질서 파괴" "사법살인" 같은
험구도 불사했다
거대 야당 대표라면 수사 검사의 어떤 점이 독재이며
무엇 때문에 헌정질서가 파괴됐다는 것인지
구체적 사실로 적시할 필요가 있다는 게
한국경제 신문 사설의 논지다
검찰 이재명 구속영장 곧 청구 방침…
"이재명 힘내라" "당장 구속" 중앙지검
앞서도 두 목소리…野
"수사권 가지고 보복… 깡패인가 검사인가"
與 "사법 무시… 이런 뻔뻔한 정치인 본 적 없어"
여야의 날선 공방이 난무한다

창원간첩단 4명 체포

국가정보원과 경찰이 북한 지령에 따라
국내에서 활동한 혐의를 받는
'자주통일민중전위(약칭 자통)' 조직원 4명을
1월 28일 체포했다
지난해 11월 국가보안법 위반 혐의로
이들의 자택과 사무실 차량 등을 압수 수색한지
2개월 만에 신병을 확보하며
수사가 속도를 내고 있다

정책실패의 산물 전세사기

전세사기단에 멍석 깔아준 文정부…
전국각지에서 '빌라왕' '빌라의 신' '건축왕' 등을 앞세운
빌라사기단 행태가 속속 드러나고 있다
집값 하락세가 가팔라지며 빌라 위주로
깡통전세 문제가 불거지면서다
많게는 3,000여 채의 주택을 굴리며
세입자에게 전 재산일 수 있는
전세금을 떼먹는 이들이다
경찰과 검찰은 전세사기단을 대대적으로 수사해 처벌하고
정부는 세입자 전세금을 상습적으로 떼먹는
악성 임대인 명단을 공개하겠다고 벼르고 있다
빌라 분양업자 · 브로커 · 중개업자까지 가담해
조직적으로 위뤄진 전세사기는
잘못된 부동산정책이 맞물려 나타난 결과다
문재인 정부는 임대차법의 무리한 시행으로
아파트 매매가뿐 아니라
아파트 전세가까지 폭등
'영끌마저 못한 사람들은 빌라로 쏠리면서
빌라 전세 수요가 급증하면서다

대장동 지분 이재명 몫

유동규 "대장동 지분 이재명 것 아무도 못 건드려"
"책임 떠넘기기 개탄" 이재명 비판…
유동규 전 성남도시개발공사 사장 직무대리 측은
"공당 대표가 한때 자신을 돕기까지 했던 힘없는 개인에게
모든 책임을 떠넘기려는 태도가 개탄스럽다"며
이재명 대표를 비난했다

3년 만의 노마스크 등교

코로나19 확산에 따른
실내 마스크 착용 의무가 해제된 2023년 1월 30일
전국 학교에선 839일 만에 '노 마스크'등교가 이뤄졌지만
마스크를 벗는 것이 어색한 다수의 학생들은
여전히 마스크를 착용한 채 수업을 듣는 모습이었고
출근하거나 대형마트 · 백화점 · 식당 등
다중이용시설에서도 마스크를 벗은 시민은
거의 보이지 않았다

존경하는 사람

2023년 2월 1일 수요일 아침
경향신문 오피니언 정동칼럼 송기호 변호사의
'역사와 싸우려는 대통령' 타이틀의 글 중
마음에 와닿는 구절이다
"존경하는 사람과 한 시대를 사는 일은 감사하다"
"한 시대의 어른을 직접 뵙는 일은 더욱 감사하다"
첨언하면 존경하는 사람이 있다는 것 또한
행복한 삶일 것이다

쌍방울그룹 대북송금

쌍방울그룹의 대북송금 의혹을 수사 중인 검찰이
쌍방울 실소유주인 김성태 전 회장으로부터
2019년 4월 마카오에서 환치기 수법으로
북한 측 인사에게 300만 달러(37억 원)를 건넸다는
진술을 확보해 수사 중인 것으로 확인됐다
이후 김 전 회장은 북한의 대남공작기관 국가보위성 소속
리호남 공작원을 만난 자리에서
"대선을 위해 이재명 경기도지사의 방북을 원한다"고 했고
리호남은 "이 지사가 대통령이 됐으면 좋겠다"며
방북 비용을 요구해 300만 달러를
추가로 받아갔다고 한다

캄보디아 소년 옥 로타

윤석열 대통령과 김건희 여사가
2023년 1월 31일 대통령실에서
캄보디아 소년 옥 로타와 재회했다
김 여사는 지난해 11월 윤 대통령 캄보디아 순방 때
심장질환을 앓고 있던 로타를 만나
"건강한 모습으로 다시 만나자"고 약속했고
로타는 서울에서 수술을 받고 최근 퇴원했다
김건희 여사는 로타에게 축구공을 선물했다

박정희 정신

윤석열 대통령은 경북 구미시의
박정희 대통령 생가에 마련된 추모관에서
헌화 · 분향 · 묵념을 하며 박 대통령 생가에 참배하고
방명록에는 "위대한 지도자가 이끈 위대한 미래
국민과 함께 잊지 않고 이어나가겠다"고 적었다
이날 방문은 앞서 금오공대에서 열린
인재양성전략회의 모두발언에서
"구미공대는 국가 미래에 대한 탁월한 통찰력을 가지신
박정희 대통령께서 1975년부터 설립을 추진한
박 대통령의 얼이 · 숨결이 살아 있는 곳"이라고 말했다
윤 대통령은 "4차 산업혁명과 글로벌 기술패권 경쟁 속에서
국가가 살아남는 길은 오로지
뛰어난 과학기술 인재를 많이 길러내는 것"이라고 했다
윤석열 대통령의 박정희 대통령 생가 방문은
이번이 세 번째로
대선후보였던 2021년 9월과 2022년 2월에도
두 차례 이곳을 찾은 바 있다
지난해 2월 방문에선
"박정희 대통령은 경제개발 5개년 계획을 실행하고
농촌 새마을운동을 통해
대한민국의 '경제사회혁명'을 이뤄내신 분"이라며

"박 대통령의 경제사회혁명을
지금 시대에 맞춰서
다시 꼼꼼하게 제대로 배워야 되겠다"고 말했다
윤 대통령은 박근혜 대통령의 생일(2일)을 앞두고
1월 31일 생일 축하 난을 전달하며
'박정희 부녀' 챙기기에 나서기도 했다
여당 당권 주자들은 이날 각각 TK를 찾아
'박정희 마케팅'에 나섰다
양강 주자인 김기현 · 안철수 의원은
대구를 찾아 박 대통령을 호명했다
김기현 의원은 "대구 · 경북 통합신공항을
'박정희 공항'으로 이름 지으면 어떻겠느냐"고 말했고
안철수 의원은 '박정희 정신 계승사업회' 대표단과
간담회를 하며
"박정희 정신에 대해 학생 때부터 제대로 배웠다"고 했다

김건희 특검에 사활

더불어민주당이 2월 1일
윤석열 대통령 부인 김건희 여사의
도이치모터스 주가조작 의혹 수사를 위한
특별검사도입을 위한 총력전에 나섰다
당내 '김건희 여사 주가조작 진상조사 태스크포스(TF)가
첫 회의를 열었고
'검찰독재정치탄압대책위원회'는 특검을 촉구하는
1인 릴레이시위에 돌입했다
강경파 의원 수십 명은 국회 밤샘농성을 시작했다
검찰의 이재명 대표 수사에 맞서
김건희 여사 특검촉구로 맞불을 놓는 것이다

전세 6,100채 사기

전국서 전세 6,100채 사기…
빌라왕 6개조직 1,941명 체포
가짜임대인 내세워
허위 계약 피해자 1,200명 중 절반이 2030
총 2,335억 피해…
경찰이 전국에서 주택 6,100채를 이용해
2030세대와 서민들의 보증금을 가로챈
전세 사기 '6개 조직' 등 1,941명을 붙잡았다고
2월 2일 밝혔다
이들 조직은 부동산 거래 경험이 많지 않은
청년층을 주타킷으로
범죄를 저지른 것으로 나타났다

윤심 전대 막오르다

네거티브로 막 오른 국민의힘 전대…
국민의힘 3 · 8전당대회가 2월 2일 시작됐다
김기현 · 안철수 · 윤상현 · 조경태 · 황교안 · 천하람 · 강신업
등이 후보 등록을 했다
후보들은 책임당원 여론조사 컷오프를 거쳐
당대표 4명 최고위원 8명이 본선경선에 나서는
35일간의 열전에 돌입했다
당심 100%로만 뽑는 전대룰 개정과
나경원 전 의원 출마포기로 불거진
'윤심 전대'의 막이 올랐다
친윤계 이번엔 '안철수 때리기'…
안철수 여론조사 앞서자
잇따라 '반윤' 프레임 맹폭…
여당에서도 "해도 너무한다"
"대통령에게도 부담" 비판이 나왔다

조국 징역 2년

자녀 입시비리와 '유재수 감찰무마' 혐의로 기소된
조국 전 법무부장관이 1심에서
징역 2년의 실형을 선고받았다
기소된 지 3년여 만에 나온 법원 판단이다
서울지방법원 형사합의 21-1(재판장 마성명)는
2월 3일 사문서위조 · 업무방해 · 청탁금지법 위반 등의
혐의로 재판에 넘겨진 조국 전 장관에게
징역 2년과 추징금 600만 원을 선고했다
재판부는 "피고인이 대학교수의 지위에 있으면서도
수년 동안 반복 범행해 죄질이 불량하고
입시제도의 공정성에 대한
사회적 신뢰에 심각하게 훼손했다"고 했다
이날 서울 서초동이 또다시 둘로 쪼개졌다
서울중앙지법 삼거리에선 우파 유튜버들이
"조국의 서울구치소 입소를 환영합니다!"라고 소리치자
조국 지지자들은 길 반대편에서
"조국 수호" 구호를 외쳤다

양극단의 정치 심화

'조국 대전'은 문재인 대통령이 2019년 8월 9일
'검찰개혁'을 명분으로 민정수석 조국을
법무부 장관으로 지명하면서 시작됐다
조 전 장관은 검찰개혁 과제로
① 검사의 수사지휘권 폐지 1차 수사종결권 경찰 이양
② 공위공직자범죄수사처(공수처) 설치 등을 제시했다
당시 야당이던 자유한국당(현 국민의힘)을 중심으로
조국 전 장관의 입시비리 · 사모펀드 의혹이 제기됐다
조 전 장관 일가에 대한 고소 · 고발이 이어졌고
이 사건들은 서울중앙지검에 배당됐다
국회 인사청문회를 앞둔 2019년 8월 27일
서울중앙지검 특수2부는
조 전 장관 딸이 다니던 대학교 등 20여 곳에
수사관 100여 명을 보내 대대적인 압수수색을 벌였다
법무부에 사전 보고하는 절차가 생략된
'전광석화'같은 조치였다
당시 검찰총장이 윤석열 대통령이다
대검찰청반부패강력부장이 한동훈 법무부 장관이었다
조 전 장관이 문재인 정부 청와대의 간판 역할을 하며
강력한 팬덤을 구축했던 터라
지지자들은 검찰 수사에 크게 반발했다

검찰 수사는 검찰개혁을 방해하기 위한 것이라며
서초동에서 '조국 수호' 집회를 열었다
그러나 조 전 장관의 딸 입시비리 의혹은
20-40대 세대에게 상대적 박탈감을 안겼다
단순한 위법 논란을 넘어 한국 사회의 공정과
청년세대의 불평등 문제가 화두로 떠올랐다
더구나 조국 전 장관은 '정치적 올바름'의 아이콘으로
비친
대표적 '진보 엘리트'였다
문재인 대통령은 사회적 논란에도 불구하고
2019년 9월 9일 조국 법무부장관을 임명했다
검찰은 9월 23일 조국의 집을 압수수색했다
검찰이 현직 법무부장관의 집을 압수수색한 건
사상 초유의 일이었다
조 장관은 취임 35일 만인 2019년 10월 14일
'검찰개혁을 위한 불쏘시개 역할은 여기까지 입니다'라는
입장문을 발표하고 장관직에서 사퇴했다
후임으로 임명된 추미애 법무부 장관은
윤석열 당시 검찰총장과 극단적으로 대립했다
당시 윤석열 총장은 문재인 정부를 겨냥해
울산시장 선거 개입의혹 수사와
월성 1호기원전 경제성 평가 조작의혹 수사 등
전방위 수사를 벌이자
추미애 장관은 수사 지휘권 발동과

검찰총장 직무정지 · 징계청구로 윤 총장을 압박했다
추 · 윤 갈등이 걷잡을 수 없이 커지던
2020년 6월 여론조사에서 윤석열 검찰총장은
보수 야권 대권 주자 중 지지율 1위를 기록했다
윤 총장은 2021년 3월 4일 검찰총장직에서 물러난 뒤
정치권으로 직행해 결국 국민의힘 후보로 대선에 출마해
대통령이 되었다
그러나 갈등과 분열 · 대립의 정치는 계속되고 있다

제4장

10월 유신의 추억

윤심열차 출발

정책 · 비전은 빠진 채…
3 · 8전대 향해 '윤심열차' 출발…
국민의힘이 2월 3일 전당대회(전대) 후보 등록을 마치고
1차 대진표를 확정했다
이번 전대는 '윤심'이 부각되면서
일찌감치 '윤심'이 누구에게 있나
친윤인가? 비윤인가? 관심이 쏠리고 있다
비전 · 정책의 공간은 쪼그라들었다는 평를 받고 있다
윤심을 내세운 김기현 후보와 총선 경쟁력을 강조하지만
윤심이 아니라는 공격을 받는 안철수 후보의
양강 구도가 정립돼 누구의 승리로 끝날지 주목된다
국미의힘은 당대표에 강신업 · 김기현 · 김준교 ·
안철수 · 윤기만 · 윤상현 · 조경태 · 천아람 · 황교안
후보 등 9명의 후보가 이름을 올렸다
최고위원 18명 · 청년최고위원 11명이 각각
후보등록을 마쳤다고 밝혔다

대통령 안철수 비판

"도 넘는 무례의 극치"
윤석열 대통령이 3·8 국민의힘 전당대회
당 대표에 도전한 안철수 의원을 겨냥한
발언 중 일부다
"국정운영의 방해꾼이자 적"이란 발언까지 공개됐다
이에 대해 안 의원은 "대통령실의 선거 개입이라는
정당 민주주의 근본을 훼손하는 중차대한 사안"이라고
반발하면서 여당 전당대회가 혼돈에 빠졌다

대통령이 안 의원에게 격노한 건
그가 주장한 '윤·안 연대' 때문이라고 한다
안 의원은 지난 2일 당 대표 후보 등록 후
정견발표에서 "윤·안 연대가 없었으면
어떻게 지난번 대선 때 후보 단일화를 했겠나?
후보 단일화가 곧 윤·안연대"라고 말하는 등
윤·안 연대를 캐치프레이즈로 삼아 왔다

안 의원은 이른바 '윤핵관' 발언을 놓고도
윤 대통령 주변 기류가 냉랭하다
안 의원은 "윤핵관 지휘자는 장제원 의원" 등
여러 자리에서 윤핵관이란 표현을 거론했다

윤핵관이라는 표현을 처음 만든 건
이준석 전 국민의힘 대표다
지난해 대선 때 국민의힘 내부 갈등이 벌어지자
윤 대통령 측을 공격하면서다
대통령실 관계자는 "윤 대통령은 실체도 없는
윤핵관 표현으로 정치적 이득을 보려는 사람은
'국정 운영의 방해꾼이자 적'이라고 인식한다"고 전했다

중국 정찰풍선 격추

미국 대륙을 동남 방향으로 횡단한
중국 '정찰 풍선'이 2월 4일
동부 사우스캐롤라이나주 앞바다 영공에서 격추되었다
미국 국방부는 현존하는 세계 최고 전투기 F-22 랩터와
구축함 등 군자산을 동원해 작전을 폈고
가라앉은 풍선 잔해와 정찰 정부 수거작업에 들어갔다
중국은 이 풍선이 기상 관측용 비행선이라며 반발했다
버스 3대 크기 13,000km 비행…
이 중국 풍선이 정찰용인지
기상 관측용인지를 두고
양측의 주장이 엇갈리고 있다

거리로 나선 거대 야당

조국 전 법무부 장관이 2월 3일
자녀 입시비리와 감찰 무마의혹에 대한 1심 판결에서
징역 2년 추징금 600만 원을 선고받은 데 대해
더불어민주당은 공식 입장 없이 침묵하고 있는 가운데
2월 4일 거리로 나선 169석 거대 야당…
윤석열 정부 출범 이후
첫 대규모 장외투쟁에 나선 더불어민주당 의원들이
'윤석열 정권 민생파탄 · 검사독재 규탄대회'에 참석한
100여 명은 행사 직후 각자의 SNS를 통해
속속 장외투쟁 소식을 전했지만
그러나 역풍을 우려하는 목소리도 적지 않았다
이재명 대표는 2월 5일 국회의원회관에서 열린 이
태원 참사 100일 추모제에서
"누군가의 엄마 · 아빠였던 유족들이 차가운 길 위에서
진상규명과 책임자 처벌을 위해 싸우는 투사가 됐다"며
"이를 밝힐 책무가 우리에게 있다"고 주장했다
이날 추모제에는 민주당에서만 60여 명이 참석했다

이태원참사 분향소

이태원 핼러윈 참사가 발생한 지 100일째 되는
2월 5일 희생자 유가족 측과 서울시가
서울광장 분향소 설치문제를 놓고 정면 충돌했다
서울시는 유족들이 설치한 분향소에 대해
"6일까지 자진 철거하지 않으면
강제 철거하겠다"고 통보했지만
유족 측은 "철거를 강행할 경우
제2의 이태원참사가 생길 것"이라며 맞서
긴장이 고조되고 있다
민주당 이재명 대표는 "윤석열 대통령이 이 자리에 오셔서
희생자를 추모하고 유족을 위로해줬으면 어떨까"라며
"유족에겐 온 세상이 까만 잿빛이지만
대통령도 여당도 지난 10월 29일 전과
조금도 달라지지 않았다"고 날을 세웠다

이재명 대통령 되면

이화영 전 경기도 평화부지사가
쌍방울그룹 실소유주인 김성태 회장에게
"이재명 경기도지사가 대통령이 되면
대북제재도 풀릴 거다
그럼 쌍방울도 대기업이 될 수 있을 것"이라는
취지로 말하며 북한에 1억 달러(1,230억 원)를 제공하는
내용의 협약서 체결을 종용한 것으로 알려졌다

국민의힘 진흙탕전대

민주주의를 가능케 하는 가장 기초적인 토대는
공정하고 자유로운 경쟁이 있는 선거인데도
대통령의 선호에 맞춰
국민지지율 1위인 후보를 가로막기 위해
경선규칙을 전당대회 직전에 바꾸는 행태…
당원지지율 1위인 후보를 밀어내기 위해
대통령실과 당 지도부와 의원이 나서
집단 린치를 가하는 행태가
공개적으로 자행되고 있다…
윤석열 대통령과 대통령실이
국민의힘 3·8 전당대회 당권 주자인
안철수 후보를 향해 "적" "도를 넘었다"고
노골적으로 비판했다
유승민·나경원 전 의원에 이어
윤심(尹心)이 아닌 주자가 1위로 떠오르면
대통령실이 주저앉히는 과정이 반복되고 있다
이에 안철수 후보는 "대통령실의 선거개입"
"정당 민주주의 훼손"이라 반발하고 있다

10월 유신은 제2의 혁명

1961년 5 · 16혁명에 이어
1972년 10월 유신은 제2의 혁명이다
대한민국은 제2의 혁명으로
한국혁명(韓國革命)이 완성되었다
그로부터 50년 만인 2021년 7월 2일
유엔무역개발회(UNCTAD)가 한국의 지위를
개발도상국에서 선진국(先進國)으로 의결하므로서
기적 같은 일이 발생한 것이다
역사를 잊은 국민은 미래가 없다고 했다
박정희 대통령이 있어 위대한 대한민국!
그의 발전 전략은 세계를 놀라게 해
20세기의 기적으로 칭송받으면서
발전을 거듭해오고 있다
정치권에서는 그간 군사독재라더니
어느 사이엔가 '유신독재'로 바뀌고 있다
유신독재(維新獨裁)!
유신독재를 잊어서는 아니 될 것이다

터키에 대지진

터키(튀르키예) 남부에서 2월 6일 새벽
규모 7.8의 강진이 발생해 인접국
시리아와 함께 2,000명 가까이 숨졌다
무너진 잔해를 헤치고 구조작업이 이뤄지고 있지만
사망자는 더 늘어날 것으로 보인다
터키에서는 1999년 8월에도
북서부 이즈미트 지방에서 규모 7.8의 강진이 발생해
17,000명 이상이 사망했다
CNN 등에 따르면 이번 지진은
약 3만 명 사상자를 낸 1939년 지진 이후
터키에서 발생한 84년 만에 최대 규모 지진이라고 한다

갈등은 민주주의 엔진

활발한 의견 개진과 충돌 속에서
공통분모를 찾아가는 여정이 정치다
그러나 정치 갈등은 사적(私的) 아닌
공적이익(公的利益)을 지향해야 그 의의가 있다
진보는 분열로 망하고
보수는 부패로 망한다는 말이
지금 정치판에서는 뒤바뀐 듯하다
2024년 총선은 윤석열 정부의 성패를 가른다
대내외의 경제 여건이 윤석열 정부를 옭아매고 있는 판에
여소야대 정국을 뚫지 못하면
노동 · 연금 · 교육 개혁 등 핵심과제들은
물 건너갈 가능성이 큰데도
총선을 앞두고 국민의힘은 난파선이 되고 있다
회초리를 또 한 번 맞아야…?

배은망덕한 국민

우리는 박정희 시대의 혜택을 보면서
박정희를 비판하는 배은망덕(背恩忘德)한 국민이다
비판과 비난의 근거는
▶ 쿠데타의 원흉 · 독재자
▶ 민주주의 파괴자 · 미제(美帝)의 앞잡이
▶ 친일파 민족반역자
▶ 빈부격차 · 재벌 등 한국의 제반 모순을 파생시킨 자 등
비우호적인 평가가 지배적인 분위기 속에서
하필 그 시기에 경제가 발전하고
산업화의 기틀이 마련되었다

세계은행 분석에서 한국은 1965-1980년에
▶ 평균 9.9% 성장했고
▶ 국민총생산은 27배
▶ 1인당 소득은 19배
▶ 수출은 275배 성장했다는 점이
비판자들에게 혼란을 가져왔다

누가 뭐래도 대한민국의 발전과 관련된
인프라의 건설자는 박정희다
▶ 가난과 굶주림에서의 탈출

▶ 국민 자신감의 극복

▶ 한국인의 해외진출 등 괄목할 만한 업적도

박정희 시대에 이뤄졌다

박정희는 "인권 · 민주 모두 다 좋은 말이다

그러나 참다운 인권과 민주는

'굶주림으로부터의 해방'에서 나온다

인권이나 민주는 경제가 해결되면

저절로 해결된다"고 주장했다

이런 가치관과 세계관을 가지고

국가의 질서와 근본 틀을 새로 짜는

혁명을 실천에 옮겼다

사정이 이렇게 되자 저들은

시기론이란 걸 들고 나왔다

"그 시기는 누가 국가 지도자가 되었어도

박정희 정도의 성과는 충분히 거둘 수 있었다고…?"

여론조사 안철수 우위

매경 · MBN이 2월 6일 발표한
국민의힘 지지층을 대상으로 실시한
당대표 적합도 여론조사에서
안철수 의원이 김기현 의원에게
다자 · 양자 대결 모두 앞섰다
다자대결에서
안철수 의원 36.0%
김기현 의원 25.4%
황교안 전대표 5.0%
조경태 의원 2.3% 순으로 나타났다
양자대결에서
안철수 의원 45.6%
김기현 의원 37.2%의 지지를 받았다

튀르키예는 형제국

정부가 2월 7일 튀르키예(터키)에
지진 피해 복구를 위해 군 수송기를 동원
구호 인력 118명을 급파하고 의약품 제공 등
500만 달러 규모의 인도적 지원을 결정했다
윤석열 대통령은 이날 "튀르키예는
1950년 공산침략에 주저하지 않고
즉각 파병했던 형재국"이라며
신속한 피해지원을 지시했다고
김은혜 대통령실 홍보수석이 밝혔다
윤 대통령은 또
레제프 타이프 에르도안 튀르키예 대통령에게
위로 전문을 보내 애도의 뜻을 전했다

나경원의 삼고초려

2월 7일 김기현 국민의힘 당대표 후보와
나경원 전 의원이 윤석열 정부 성공과
내년 총선 승리를 위해 함께 노력하겠다고 밝혔다
김 후보의 삼고초려에 나 의원이
사실상 김 후보 편에 선 것으로 해석된다
나경원이 대통령실과 윤핵관 압박으로
불출마한 지 13일 만이다
'나경원 때리기'에 나섰던
윤핵관들도 환영하고 나왔다
반면 천하람 후보는 "나경원 · 김기현 연대가
역풍을 맞을 가능성이 높다"고 전망했다

이상민 행안부장관 탄핵

2월 8일 이상민 행정안전부 장관에 대한
탄핵소추안이 국회에서 더불어민주당 주도로 통과됐다
국무위원에 대한 탄핵안이 가결된 건 헌정사상 처음이다
159명이 희생된 이태원 참사에
정치적 책임을 지지 않으려는 여권과
이재명 민주당 대표의 대장동 2차소환조사를 2일 앞두고
'방탄 탄핵'을 강행한 거야(巨野)의
극단의 정치가 만든 결과다
이 장관 최종 탄핵 여부는 헌법재판소가
탄핵심판을 열어 통상 180일 이내에 결정한다
대통령실은 20분 만에 공식 입장을 내고
"의회주의 포기다
의정사에 부끄러운 역사로 기록될 것"이라고 반발했다

지진사망자 1만명 넘어

튀르키예 · 시리아 사망자 1만 명 넘었다
아직 요동치는 땅 잔해 속 18만 명 갇혀…
생존자 구조 골든타임 48시간이 지났다
튀르키예 강진 발생 후 이틀이 지난 2월 8일
사망자 수는 1만1천 명을 넘어섰고
60여 개국이 구호인력을 보냈지만
5,000채가 넘는 건물이 파괴된 데다
영하의 추위가 겹쳐 구조작업에 어려움을 겪고 있다
시리아는 튀르키예와 이어진 도로가 끊겨
구호의 손길조차 닿지 못하고 있다

곽상도 뇌물 무죄

곽상도 전 국회의원이
대장동 민간사업자에게 도움을 주고
아들 퇴직금 명목으로 거액의 뇌물을 받은 혐의에 대해
1심에서 무죄를 선고받았다
불법 정치자금을 받은 혐의만 유죄가 인정돼
벌금 800만 원을 선고하고
5,000만 원을 추징하라고 명령했다
재판부는 "아들 곽병채가
화천대유에서 지급 받은 성과급 50억 원은
사회 통념상 이례적으로 과하다"면서도
"이 돈이 공소사실에 적힌 알선 혐의와
관련이 있다거나 알선 대가에 해당한다고
보기 어렵다"고 판시했다

문 정부의 가짜평화

윤석열 대통령이 2월 8일 문재인 정부를 겨냥해
“가짜 평화에 기대 민 · 관 · 군 · 경의 통합방위훈련이
제대로 이행도지 못했다”고 비판했다
윤 대통령은 현직 대통령으로서는 2016년 이후
7년 만에 중앙통합방위회의를 주재했다
이 회의는 적의 침투 · 도발 등 국가안보위협에 대비해
민 · 관 · 군 · 경이 모여 통합방위태세를 점검하고
발전대책을 논의하는 자리다
이날 회의에는 한덕수 국무총리 · 18개정부부처 장관
7개 광역자치단체장 · 국가정보원 · 각군 ·
경찰청 · 해양경찰청 · 소방청의 주요 직위자와
민간 전문가 등 160여 명이 참석했다

김정은 딸 김주애

김정은 북한 국무위원장이 건군절 75주년을 앞두고
딸 김주애 · 부인 리설주와 함께 군 장성들을 격려했다
김주애(10)가 김 위원장과 공식석상에 나타난 것은
지난해 11월 처음 등장한 이후 세 번째다
조선중앙통신은 2월 8일
"김정은 동지께서 존경하는 자제분과 함께
숙소(장령 숙소)에 도착하셨다"고 밝혔다
통신은 김주애를 최초로 소개할 때
"사랑하는 자제분"으로
두 번째 등장 때는 "존귀하신 자제분"이라고 언급했다
일부 북한 전문가는 김주애가 김정은 위원장의
후계자로 낙점됐을 수 있다고 분석했다

김정은 무언의 도발

북한은 2월 8일 밤 김정은 국무위원장이
부인 리설주 여사와 딸 김주애와 함께 참석한 가운데
열린 인민군 창건 75주년 기념 열병식에서
고체연료를 사용하는
대륙간탄도미사일(ICBM)로 추정되는
신형 미사일을 공개했다
또 최소 11기의 ICBM 화성-17형을 열병식에 동원했다
할아버지 김일성 주석을 연상시키는
검은색 코트에 중절모 차림을 한 김 위원장은
육성 연설을 하지 않았지만
김 위원장의 딸 김주애(10)가 김 위원장과 함께
주석단 중앙에서 열병식을 참관
'백두혈통 4대'로서 위상을 과시했다
북한은 김주애가 "귀빈석에 자리 잡았다"며
"사랑하는" "존경하는"이라는 수식어를 사용했다

유신시절로 퇴보?

윤 대통령 노골적 당무개입…
정당정치 자율성 유신시절로 퇴보시켜…?
국민의힘 당권 경쟁이
2월 10일 본선 진출자 발표를 시작으로
본선 레이스에 돌입하는데
예비경선까지 전당대회 초반을 지배한 단어는
'윤심(尹心)'이었다
대통령실이 선두권 주자들에게 직접 제동을 걸면서
'윤심 전대'의 판을 짰다
이를 두고 이준한 인천대 교수는
"(윤 대통령이)당의 자율성을 유신시대
이전으로 퇴보시키고 있다"고 했다
그러나 작금의 정치행태를 보면 퇴보가 아니라
발전일 수도 있다
윤석열 대통령이 새롭게 주장하는
'연금 · 노동 · 교육'의 3대개혁+1(정치개혁)말이다
1972년 10월 유신은 5 · 16혁명에 이어
한국혁명(韓國革命)의 완결판이란 사실을
잊어는 아니 될 것이다

행안부장관 탄핵 첫날

직무정지 첫날인 2월 9일 이상민 행정안전부 장관은
집무실에 모습을 드러내지 않았다
관용차도 비서진도 사절했다
'장관이 존재하는데 차관이 대행하는 체제'라는
전례 없는 상황에 행안부는
이 장관 의전문제로 난감해하고 있다
박근혜 대통령의 경우
탄핵소추안으로 직무가 정지됐어도
청와대 관저에 머물렀고 경호도 계속 받았다
신분에 관한 의전이었기 때문이다
탄핵심판의 변호사 비용 역시
공무수행 과정 중 발생한 법적 분쟁으로 해석할 경우
지원을 받는 게 불가능한 건 아니지만
노무현 대통령은 탄핵 심판의 변호사 비용을 사비로 댔다
이 장관 역시 이 같은 전례를 감안할 것으로 보인다

제5장
미움받지 않은 위인은 없다

연금개혁 원점으로

윤석열 정부의 3대 개혁 과제 중 하나인
연금개혁 논의가 '시계 제로'에 빠졌다
국회 연금개혁특별위원회가 2월 8일
"국민연금 모수(보험료율 및 소득대체율)
개혁은 정부 몫"이라며
사실상 손을 떼기로 못박으면서다
윤석열 대통령이 처음 연금개혁을 강조한
9개월 전으로 작업이 되돌아갔다는 비판이 나온다
9일 정치권에 따르면 내년 총선 등
정치 일정에 부담을 느낀 정치권과
대통령실이 연금개혁을 사실상 2024년 이후로
미룰 것이라는 관측이 힘을 얻고 있다
여권에서는 "내년 총선을 통해 다수당이 된 다음
연금개혁을 추진해야 한다는 게 대통령실 뜻"라는
말이 공공연하게 흘러나왔다

국민의힘 당권 대진표

김기현 · 안철수 · 천하람 · 황교안 후보가
국민의힘 3 · 8 전당대회 당대표 선거
본선 진출자로 2월 10일 정해졌다
김 · 안 후보가 무난히 예비경선을 통과한 가운데
천 · 황 후보가 현역 중진의원인
윤상현 · 조경태 후보를 제치고 본경선에 진출했다
최고위원 본경선 후보는 김병민 · 김용태 · 김재원
민영삼 · 정미경 · 조수진 · 태영호 · 허은아 후보 등
8명으로 압축됐다
당선관위는 본선에 영향을 주지 않기 위해
순위와 후보별 득표율을 공개하지 않았다
천하람 · 김용태 · 허은아 후보는
이준석계로 꼽히는 비윤 후보다

닥치고 투쟁 - 민주당

더불어민주당이 '전방위 투쟁'에 나섰다
2월 4일엔 박근혜 대통령 퇴진 촉구 집회 이후
6년 만에 대규모 장외집회에 나선 데 이어
2월 8일엔 이태원참사 부실대응 책임을 물어
이상민 행정안전부 장관에 대한
탄핵소추안을 강행 처리했다
검찰권한을 대폭 축소하는
'검수완박2' 법안도 추진 중이다
하지만 대선 패배 이후 '닥치고 투쟁' 중인
민주당에 대한 민심의 성적표는 초라하다
윤석열 정부의 크고 작은 실정에도
반사이익을 누리지 못한 지지율이
정체 · 하락하고 있으며
민주당에 대한 호감도
또한 좀처럼 오르지 않고 있다

이재명 대표가 위례 · 대장동 개발 특혜 의혹
관련 조사를 위해 2월 10일 검찰에 출석했다
성남FC 후원금 의혹까지 포함하면
검찰 출석은 세 번째다
이 대표는 중앙지검 청사 포토라인 앞에서

준비한 입장문을 품에서 꺼낸 뒤
"민생에 무심한 정권이 정치검찰을 총동원해
정적 죽이기와 전 정권 지우기 칼춤을 추는 동안
곳곳에서 곡소리가 커져간다"고 말했다
이 대표는 2차 출석과 마찬가지로 제출한 진술서 외에
검찰 조사에 대해 묵비권을 행사한 것으로 알려졌다
국민의힘 양금희 수석대변인은
"이 대표는 그토록 민생이 걱정된다면 민주당이 하는
당대표 방탄이나 그만 멈춰라"고 했고
김학용 의원도 "이 대표가 성남시장 · 경기도지사 시절
저지른 불법행위에 대한 사실과 증거는
차고 넘친다"고 지적했다
검찰은 다음 주에 이 대표에 대한 구속영장을 청구하는
방안을 검토 중인 것으로 알려지고 있다

과격한 與 당권경쟁

과격해진 국민의힘 당권경쟁…
국민의힘 전당대회에서
윤석열 대통령의 탈당론이 나온 데 이어
이번엔 윤 대통령 탄핵논쟁까지 불거졌다
김기현 당대표 후보가 안철수 후보를 겨냥해
"현재 권력과 미래권력이 부딪칠 때
탄핵이라는 사태까지 겪었다"고 말한 것이 단초가 됐다
극단적인 가정으로 공포감을 조성하고
당원 선택을 압박하는 '벼랑끝 전술'이라는
비판이 제기됐다
안철수 · 천아람 후보는 각각
"어떤 정신상태이길래 저런 망상을 하나"
"당원을 협박하는 것"이라고 질타했다

'주애'란 이름 쓰지마

김정은의 딸 이름으로 추정되는
'주애'로 성명이 등록된 주민들에게
북한 당국이 개명을 강요당하고 있다는 보도가 나왔다
앞서 북한은 '일성' '정일' '정은' 등
최고지도자와 같은 이름을 가진 주민도
모두 개명시킨 것으로 알려졌다

4·3사건 김일성 지시로

국민의힘 최고위원 후보로 출마한
태영호 의원이 "제주 4·3사건은 명백히
북한 김일성의 지시에 의해 촉발됐다"고 말해
논란이 일고 있다
태 의원은 2월 13일 제주합동연설회에서도
"4·3사건 장본인인 김일성 정권에
한때 몸담았던 사람으로서
유족들과 희생자분들을 위해 진심으로 용서를 빈다"며
"지난 시기 좌와 우의 이념대결 때문에
제주도민의 아픔이 이렇게 클진대
대한민국에서 아직도 종북 좌파들이 활개치고
간첩들이 계속 적발되고 있다"고 말했다
태 의원 발언에 제주 지역사회가 들고일어나
사실 왜곡이라며 태의원의 사과와
후보직 사퇴를 촉구했다

정의당 독자노선

더불어민주당의 '쌍특검'계획이
정의당이란 암초를 만났다
민주당은 '대장동 50억 원 클럽' 실체를 밝히고
윤석열 대통령의 부인 김건희 여사의
주가조작 의혹을 규명하기 위한
특검 두 개를 동시 추진하고 있다
하지만 정의당은 독자적인
'대장동 특검' 법안을 발의하기로 했으며
김건희 여사 특검에는 미온적이다
두 야당은 이재명 대표 체포동의안을 두고도
의견을 달리한다
민주당은 이 대표 수사를 '야당탄압'으로 규정하고
국회에 체포동의안이 제출되면 부결시키자는 입장이다
반면 이정미 대표는
"국회의원 불체포 특권을 내려놓자는 것이 당론"이라고
밝혀 사실상 이재명 대표 체포동의안에
찬성하겠다는 의미다

촛불행동 활쏘기 이벤트

진보성향 시민단체 촛불승리전환행동(촛불행동)이
최근 집회에서 윤석열 대통령 부부와
한동훈 법무부 장관의 얼굴 사진을 향해
장난감 활을 쏘는 이벤트를 열어
논란이 되고 있다
인형 뒤편에는
'난방비 폭탄 · 전쟁위기 · 깡패정치 · 친일
매국 윤석열 활쏘기'라는 현수막이 걸려 있다

이재명 체포동의 딜레마

검찰이 이재명 더불어민주당 대표의
구속영장 청구 여부를 곧 결정한다
서울중앙지검 수사팀 관계자는 2월 14일
"이재명 대표의 진술 태도나 수사 경과를 종합할 때
추가 출석조사 필요성은 크지 않다고 판단한다"며
"지금까지 진행한 수사 내용과
이 대표 조사 결과를 종합적으로 검토해
구속영장 청구여부 등
추가 수사방식을 결정할 것"라고 말했다
민주당 내에선 이 대표 체포동의안에
반대표를 던지는 걸 당론으로 정할지를 두고
목소리가 엇갈리고 있다
체포동의안 부결을 당론으로 정하는데 대해선
친명계에서도 우려의 목소리가 나오고 있다

개싸움 3 · 8전당대회

국민의힘 3 · 8전당대회 당권 주자인 천하람 후보의
'대통령 공천 개입금지' 공약에 대해
친윤계 김정재 의원이 2월 14일
"원래 겁먹은 개가 많이 짖는 법"이라고 공격했다
그러자 천 후보가
"윤핵관 호소인들이 앞장서는
총선은 폭망"이라고 맞서는 등
팽팽한 신경전을 벌였다
천 후보는 "개가 짖어도 기차는 간다"며
"누가 겁먹은 개인지 지켜보시는 국민 · 당원들께서
더 잘 아실 것"이라고 응수했다

극심한 북한 식량난

북한이 군인 1인당 하루 배급량을
620kg에서 580kg으로 최근 감량한 것으로 확인됐다
정부 고위소식통은
"북한이 군에 지급하는 공식 배급량을 줄인 건
2000년대 들어 처음"이라면서
"우선 배급 대상인 군의 식량까지 줄인 건
북한의 식량난이 심각상황 이상이란 의미"라고 밝혔다
북한 주요도시에서는 주민들을 상대로
군량미 비축 등 명목으로 2, 3일에 한 번씩
'애국미'를 내라고 독촉하는 것으로 알려졌다

북한은 적(敵)

국방부가 윤석열 정부 들어 처음 내는
국방백서에서 북한에 대한 적 개념을 다시 담았다
국방백서는 국방정책을 대내외에 알리는 목적으로
2년마다 발간된다
문재인 정부에서 삭제된 개념이 되살아난 것으로
현 정부의 대북 강경 기조가 반영됐다는 평가가 나온다
북한의 핵·미사일 능력이 더 고도화했다고 평가했고
한·일 관계에 대해 비중도 늘렸다
북한이 한반도 전역을 공산주의화한다는 목표로
한국을 적으로 규정한 데다
핵개발과 함께 군사적 위협을 가하기 때문이라고
이유를 설명했다

이재명 대표 영장청구

검찰이 이재명 더불어민주당 대표를
'위례 · 재장동 의혹'과 '성남FC 후원금' 사건의
몸통으로 지목하며
2월 16일 사전구속영장을 청구했다
헌정사상 첫 제1야당 대표에 대한 구속영장 청구다
2021년 8월 대장동개발사업 특혜 의혹이
언론을 통해 처음 알려진 지 1년 6개월 만인데
검찰은 이 대표를 배임 등으로 기소하며
대장동 사업 전체 개발이익의 70%(6,725억원) 가운데
성남시가 확정이익 형식으로 가져간
1,830억원을 뺀 4,895억원을 배임액으로 명시했다
이원석 검찰총장은 "불법적인 정경유착 비리로
지역주민과 자치단체에 돌아가야 할
천문학적 개발이익을 개발업자와 브로커들이
나눠 가지도록 만든 중대한 지역토착비리"라고 말했다

나를 미워하는 사람

목사 초청 어느 연찬회에서 물었다
"나를 미워하는 사람이 없는 사람
손들어 보세요?"하고
장내를 살펴도 손드는 사람이 없었다
서로 수군거리고 있을 때 저 끝에서
머리 허연 노인이 부시시 손을 들었다
"어르신 어떻게 사셨는데 미워하는
사람이 하나도 없으십니까?"
"다 죽고 지금은 없어요"
그렇다
공자 · 소크라테스 · 예수…성현(聖賢)들도
혹독한 미움을 받지 않았던가?

검찰독재 규탄대회

더불어민주당이 2023년 2월 17일
이재명 대표에 대한 구속영장 청구를 규탄하는
대규모 집회를 열고 대여 공세에 나섰다
국회 본관 앞 계단에서
현역의원과 지역위원장 등이 대거 참석한 가운데
'검사독재 규탄한다'는 문구가 적힌 피켓을 들고
"권력남용 보복수사 법치파괴 중단하라"
"야당유죄 윤심무죄 국민특검 수용하라" 등의
구호를 외쳤다
이 대표는 마지막에 연단에 올라
"국민이 먹고사는 문제를 해결하라고 권력을 맡겨놨더니
야당사냥과 정적 제거에 혈안이 됐다"며
"물가는 안 잡고 이재명을 잡는데
국력을 소진하고 있다"고 비난했다
국민의힘은 '이재명 방탄'을 위해 총동원돼
"국민 선동에 나선 '의회독재' 위세 과시가
대단하다"고 꼬집었다

이재명의 인허가장사

검찰이 대장동 개발사업 특혜 의혹과 관련해
“모든 특혜성 조치는 본인의 치적 쌓기와
민관유착에 의한 사익추구로 귀결돼
결국 최대 수혜자는 피의자 자신이었다”고
이재명 대표 구속영장 청구서에 적시했다
반면 이재명 대표는 “윤석열 정권의 만행은
법치의 탈을 쓴 사법사냥”이라며
“5년 정권이 뭐 그리 대수라고
이렇게 겁이 없느냐”고 맞섰다
서울중앙지법은 2월 17일 오후 9시경 서울중앙지검에
이 대표에 대한 체포동의요구서를 보냈다고 밝혔다
체포동의안은 대검찰청과 법무부를 거쳐
대통령 재가를 받은 뒤 국회에 제출될 예정이다

우크라이나 전쟁 1년

러시아의 우크라이나 침략전쟁이 개전 1년 만에
막대한 재산 피해를 초래하고
비극적인 전쟁이 끝날 조짐은커녕
자칫 3차 세계대전으로 확전될 수도 있다는
우려까지 제기 된다
양측이 추정한 군인 사상자는 각각 10만 명이 넘는다
우크라이나 어린이·여성 등
민간인 5,000명 이상이 희생됐고
인구의 30%가 난민 신세로 떠돈다
강제 동원된 러시아 청년들도 독재자의 오판에 따른
전쟁 소모품이 되고 있다
이번 전쟁은 직접 당사자뿐 아니라 인류 전체에
엄청난 고통과 부작용을 초래했다
'유럽의 빵 바구니'로 불리는
우크라이나 곡창지대에서 생산한 곡물 수출이
러시아의 흑해 항구 봉쇄 때문에 타격을 받으면서
국제농산물 가격이 치솟았다
푸틴 러시아 대통령은 전황이 불리해질 때마다
핵 사용 가능성을 언급해
2차대전 당시 일본에 투하된 핵폭탄에 이어
핵무기가 동원될 경우 3차대전으로 비화하고

인류가 공멸할 수도 있다는 경고까지 나왔다
우크라이나 전쟁을 계기로 글로벌 리더십이
무너진 것도 손실이다
미국을 위시한 민주 진영과 러시아 편에 선 독재 진영은
우크라이나 전쟁을 계기로 두 쪽으로 갈라졌다
중국이 러시아를 두둔하면서
유엔안보리 5개 상임이사국의 분열상도 심각하다
중립노선을 표방해온 스웨덴·핀란드가 이번 전쟁을 계기로
북대서양조약기구(NATO) 가입을 추진하면서
러시아는 더욱 고립되고 국가 이미지도 추락했다
우크라이나 전쟁은 한반도 정세에도 영향을 끼치고 있다
한·미·일 공조가 강행되는 가운데
북·중·러가 결집하면서
신냉전 구도가 고착되고 있다

바이든 키이우 깜짝방문

조 바이든 미국 대통령이
러시아의 우크라이나 침공 1년을 나흘 앞둔
2월 20일 우크라이나 수도 키이우를 전격 방문
젤렌스키와 포옹했다
당초 폴란드 바르샤바를 방문
안제이 두다 대통령을 만날 예정이던
바이든 대통령은 예고 없이 키이우를 방문했다
일정은 보안상의 이유로 비밀리에 진행됐으며
국경에서 기차를 타고 키이우에 도착했다
바이든 대통령은 젤렌스키 대통령과 만난 자리에서
"미국은 언제까지고
계속 우크라이나 곁에 있을 것"이라고 말했다
그는 5억 달러 규모의
새로운 군사 지원 패키지도 발표했다

거대한 극장국가 북한

1962년 김일성이 천리마운동을 독려하며
"모두 이밥에 고깃국을 먹으며
기와집에서 비단옷을 입도록 하겠다"고 독려했다
이 말은 주민들에게
북한 체제의 우월성을 나타내는 선전구호가 됐다
그러나 공산주의 경제의 한계가 드러나면서
북한은 1970년대 대외채무 지급 능력을 상실했고
1차 6개년계획(1971-76년)과
2차계획(1978-84년) 모두 실패하면서
경제사정은 더 악화됐다
외환을 충당하기 위해 외교관들이 마약 밀수에 손을 대고
1990년 전후 100달러짜리
위조지폐를 찍어내기 시작했다
소련과 동구권 공산국가의 붕괴는
북한에 치명타가 됐다
이들 국가로부터 유·무상 지원이 끊어지고
여러 해 홍수까지 겹쳐
1994년부터 '고난의 행군'이 시작돼
5년간 굶어죽은 사람이 200만-300만 명에 달했고
김일성은 1994년에 사망했다

김정일은 2010년 1월
김일성의 '이밥에 고깃국 비단옷' 유훈을
관철하지 못했다고 실토했다
김정은도 마찬가지 처지다
통일부 대변인은 2023년 2월 20일
북한의 식량난이 심각해
굶어죽는 주민이 속출하고 있다고 밝혔다
'제2고난의 행군'이란 말도 나온다
그럼에도 김정은은 지난해
미사일 도발 비용으로 2억~5억6,000만 달러를 날렸다
식량 부족분을 최소 60% 충당할 수 있는 돈이다
어디 그뿐인가
북한은 지난해 말 러시아와 교역을 재개하며
생필품보다 가족이 탈 백마(白馬)부터 먼저 수입했다
주민들은 굶어죽건 말건 안중에도 없다
김정은이 열 살짜리 딸을
잇따라 공개석상에 데리고 나와
백두혈통을 자랑하면서
2월 20일 동해상으로 전술핵 공격수단인
초대형 방사포 2발을 발사하고
"방사포 4발이면 적의 작전비행장을
초토화할 수 있다"고 위협했다
김정은과 그의 여동생 김여정도 이날 담화에서
"태평양을 우리 사격장으로 활용하는 빈도수는

미군 행동 성격에 달려 있다"고 말했다
거대한 극장국가(劇場國家) 북한의
희극(戱劇) · 비극(悲劇)을 동시에 보여주고 있다
더욱 한심한 것은 아직도
박정희 대통령의 덕으로 호화생활을 하면서
'군사독재' '유신독재'라 외치는 무리가
있다고 하는 사실이다

건설폭력 · 노란봉투법

윤 대통령 이번엔 '건폭과의 전쟁' 선포…
앞으로 건설현장에서 타워크레인 기사가 계약한
급여 외에 별도의 웃돈을 요구하면
최장 1년간 자격을 정지하고 채용 강요와
노동조합 전임비 요구 등은 형법상
강요 · 공갈죄를 적용해 강도 높게 처벌한다
건설현장의 불법행위를 근절하기 위해
검 · 경이 공조하는 '건폭수사단'도 출범할 예정이다
이와는 달리
더불어민주당 등 야권 주도로 '노란봉투법'으로 불리는
'노동조합 및 노동관계조정법 2 · 3조 개정안'이
2월 21일 국회 환노위원회 전체회의를 통과했다
간접노동자의 교섭권을 보장하고 파업에 대한
사측의 손해배상 소송을 엄격히 제한하는
내용이 포함돼 논란이 되고 있다

겨울이 깊어지고 있다

더불어민주당 이재명 대표가
자신의 체포동의안이 송부된 다음 날
윤석열 대통령을 향해
"국가권력을 가지고 장난하면
그게 깡패지 대통령이겠냐"고 했다
올겨울이 매우 춥게 느껴진다

출산율 0.78%의 한국

한국의 합계 출산율이 0.7%대로 떨어져
2013년부터 줄곧 OECD 국가 중 합계
출산율 꼴지를 기록하고 있다
가장 최근 통계인 2020년 기준으로
합계 출산율이 1명 미만인 나라는 한국뿐이다
지난해 인구가 12만 명 넘게 감소했다
출생아가 25만 명 밑으로 떨어졌는데
사망자는 37만 명을 넘어섰다
이대로 가면 2031년 이전에 대한민국 인구가
5천만 명 밑으로 내려갈 것이라는 우려가 나온다
최슬기 KDI 국제정책대학원 교수는
"한국은 세계사에서 유례없는 '인구소멸'
수준의 출산율을 기록하고 있다"며
"모든 지점에서 저출산 문제가 심화하고 있다"고 말했다

제6장

도쿄 한·일정상회담

하와이 이민 120주년

2023년 2월 27일 KBS 아침마당이
하와이 이민 120주년 기념으로 현지에서 특집 방송됐다
마스크를 쓰지 않은 전원 풍경이 이색적으로 다가왔다
첫 이민선 갤릭호가 인천 제물포항에서
102명의 이민을 싣고 20일 만인
1902년 1월 13일 도착했다고…
이민 간 한국인들은 주로 사탕수수밭에서 고된 일을 했다
120년전 하니까 멀게만 생각되는데
내가 태어나기 30년 전의 일로
그리 먼 옛날이야기도 아니었다
미국에 11번이나 갔으면서
하와이는 가보지 못한 것이 아쉽게 느껴진다
아름다운 풍경에 불현듯 가고 싶은 충동이 일어난다

이재명 방탄 치명상

더불어민주당 이재명 대표에 대한 체포동의안이
2월 27일 국회본회의에서 부결됐다
출석 의원 297명 중
찬성 139 · 반대 138 · 기권 9 · 무효 11표로
체포동의안은 부결됐다
체포동의안은 국회 재석 의원 과반이 본회의에 참석하고
출석의원 과반(149)이 찬성해야 가결된다
찬성이 반대보다 1표 많았지만 과반에
10표가 모자라 부결된 것이다
국민의힘은 "정치적으론 가결"이라며 공세에 나섰다
국민의힘 정진석 비대위원장은 표결 후
"기권과 무효표가 합쳐서 20인이었는데
이는 사실상 찬성하는 표"라며
"겹겹의 방탄이 순식간에 허물어졌다
이재명 대표에 대한 정치적 사망신고"라고 했다

너도나도 박정희 정신

국민의힘 당대표 후보들이
2월 28일 보수 핵심 지역인 대구에서
각양각색의 '박정희 정신' 해석을 내놨다
김기현 후보는 대구엑스코에서 열린 합동연설에서
"산업화의 주역 · 위대한 박정희 대통령을
배출한 곳"이라며 대구 · 경북을 치켜세웠다
김 후보는 "서민들의 힘으로
부강한 나라를 만들겠다는 꿈을 이뤄낸
박정희 대통령이 계시지 않았다면
오늘날 대한민국도 없을 것"이라며
"보수를 살리는 대구 · 경북의 정기를
더 크게 계승하겠다"고 말했다
천하람 후보는 '박정희'를 앞세우면서도
"지금 대구 · 경북은 박정희의 문패만 걸린
퇴락한 고택"이라며 "박정희 이름에 집착하지 말고
왜 사람들이 박 대통령을 좋아하는지 고찰하라"고 말했다
또 "삼성전자가 구미수출의 견인차에서
베트남 수출의 견인차가 된 지 오래"라며
"지금 중요한 건 구미가 다시 한번
산업중심도시로 발돋움하게 하는 것"이라고 강조했다
안철수 후보는 대구 · 경북을 "국민의힘의 뿌리이자

보수의 심장"이라며 연설을 시작
코로나19 유행초기 대구에서
의료봉사한 경험을 강조했다
그러면서 "어떻게 더 개혁적이고
미래지향적 정당으로 발전시킬 것인지
대통령의 국정운영을 어떻게 뒷받침할 것인지
말할 수 있어야 한다"고 했다
황교안 후보는 "박근혜 대통령 탄핵 때
뼈저리게 느낀 고통을 또렷하게 기억한다"
"이승만 · 박정희 · 이명박 · 박근혜 정신을 계승
보수 가치가 분명한 정통 보수정당을 만들겠다"고 말했다

민주당 후폭풍

이재명 더불어민주당 대표 체포동의안에
대한 무더기 이탈표 여파가 민주당을 집어삼켰다
이 대표 체포동의안이 최소 31명 이탈로
간신히 부결되면서 후폭풍이 거세다
친명계 측은 "조직적으로 세를 규합해
뒤통수를 친 것"이라며 비명 측의 '기획 투표설'을 제기해
"해당 행위" "조직적 반란" 등의 반응도 나왔다
비명 측은 "누적된 불만이
이심전심으로 통했을 뿐"이라고 일축하면서도
"이 대표에 대한 정치적 탄핵"이라며
일전을 불사하겠다는 뜻을 분명히 했고
"이러다 당이 깨질 것"이라는 우려까지 돌고 있을 정도다
이 대표가 기소되면 당내 갈등 양상은 더 악화될 것이다
'부정부패 혐의로 기소시 당직 정지'를 규정한
당헌 80조 적용을 놓고
한바탕 내전이 벌어질 공산이 크다

달라진 3 · 1절 기념사

윤석열 대통령은 3월 1일 104년 주년 3 · 1절 기념사에서
"3 · 1만세운동은 국민이 주인인 나라
자유로운 민주국가를 세우기 위한 독립운동이었다"며
"새로운 변화를 갈망했던 우리가
어떠한 세상을 염원하는지 보여주는
역사적인 날이었다"고 말했다
그러면서 "3 · 1운동 이후 한 세기가 지난 지금 일본은
과거 군국주의 침략자에서
우리와 보편적 가치를 공유하고
협력하는 파트너가 됐다"고 강조했다
일본을 '과거 침략자'에서 '현재 파트너'로 규정해
윤석열 정부의 대일외교 방향을 뚜렷하게 제시했다

변해야 산다

1996년 경제협력개발기구(OECD) 가입 후
지난해 한국의 경제 성장율은 처음으로
2.6%를 기록하면서 2년 연속
회원국 평균에도 못 미치는 저성장을 기록했다
정부는 범부처 수출상황점검회의를 매월 개최하여
부처별 수출실적 · 이행상황 등을 점검해 나간다고 한다
1960년대 박정희 대통령 주재로 시행하던
수출점검회의가 부활하는 것이다
'아시아의 용' 중 가장 성공한 한국도 보호주의 강화와
디지털 변혁에 적응하지 못하면 낙오할 수 있다
노동개혁을 통해 노동 유연성을 높이고
창의적인 인재를 양성해
산업 경쟁력을 강화하는 것이 중요하다
이를 위해서는 규제완화(規制緩和)가 선행돼야 한다
중진국 성장기에 만들어진 각종 규제와
노동 · 교육 구조가 지금은
무거운 짐이 되고 있기 때문이다

하늘 위의 전함

군이 3월 초까지 진행되는 티크나이프
(Teak Knife) 한미 특수작전훈련에 참가한
미국의 최신예 건십(Gun Ship)인 AC-130J가
한반도 상공에서 실사격 훈련을 하는 장면을 공개했다
지상 표적에 수천 발의 '포탄비'를 뿌리고
정밀타격도 가능한 AC-130J의
한반도 전개는 이번이 처음이다
김승겸 합참의장은 훈련 현장을 찾아
"적 핵심 시설을 한 치 오차 없이
타격하는 능력을 갖춰야 한다"고 강조했다
군이 유사시 북한 수뇌부를 제거하는 내용의
티크나이프 훈련을 공개하고
군 최고 지휘관의 참관 사실까지 드러낸 것은
매우 이례적이다
3월 13-23일 한미 프리덤실드 연합훈련을 겨냥해
도발 위협을 가한 북한 지휘부에
경고장을 날린 것으로 풀이된다

미국이 3월 1일 윤석열 대통령이 취임 후
첫 3·1절 기념사에서
일본을 "보편적 가치를 공유하는 협력 파트너"라고

칭한 데 대해 “매우 지지한다”는 입장을 밝혔다
정부가 강제징용 배상 문제를 타개해
일본과 관계개선의 물꼬를 트려는 쪽으로 움직이자
바이든 정부도 힘을 싣는 모양새로
미 국무부가 한·일관계를 두고 이런 입장을 낸 건
최근 몇 년간 없었던 일이다
정부는 미국의 이 같은 입장 표명이 일종의
‘지원사격’이 되길 기대하는 분위기다
일본 주요 언론들도 윤 대통령의 기념사 내용을
긍정적으로 평가하고 있다

김문기 몰랐다 - 재판

이재명 더불어민주당 대표가 20대 대선 패배 이후
359일 만인 3월 3일 공직선거법 위반 혐의
피고인 신분으로 처음 재판에 출석했다
선거법 위반의 경우 100만 원 이상의 벌금형이 확정되면
피선거권이 박탈돼 다음 대선에 출마할 수 없고
국회의원직에서도 물러나야 한다
이 대표의 정치적 명운이 걸려있는 것이다
이 대표는 2021년 12월 방송 인터뷰에서
대장동 개발사업 김문기 성남도시개발공사
개발1처장(검찰 조사도중 자살)에 대해
"시장 재직 때는 몰랐다"
허위사실을 공표한 혐의로 재판에 넘겨졌다

민주당 내홍 악화일로

이재명 "내부공격 중단" 요청에도
비명계 의원들 항의전화 여전…
이재명 더불어민주당 대표에 대한
국회 체포동의안 표결로 불거진
민주당 내 갈등이 악화되고 있다
민주당 권리당원의 창원게시판인 '국민응답센터'에
이낙연 전 대표를 당에서
영구제명할 것을 요구하는 글이 올라왔다
"대선 때 대장동 건(件)을 터뜨려놓고
사과도 없이 미국으로 도망갔다"며
이낙연에게 체포동의안 표결에서 나온
대규모 이탈표에 책임이 있다는 주장이다
이 청원은 3월 5일 기준 67,000명의 동의를 받았다
5만 명 이상 동의를 얻은 청원에는
당이 공식적인 답변을 해야한다
비명계 당원도 맞불 청원을 올리고
"이재명 당대표 사퇴 및 출당 · 제명을 창원합니다"라는
제목의 글은 게시 이틀만에 3,000여 명의 동의를 받았다

지는 게 이기는 거다

나는 어려서 할머니에게 자주 듣던 말이 있다
"지는 게 이기는 것이니라"
"이기려고 하지만 말고 져주는 것도 지혜이니라"
사회생활을 하면서 승패(勝敗)와 득실(得失)은
일치하지 않는다는 사실을 알게 되었다
즉 '이기고도 실(失)만 있고'
'지고도 득(得)이 되는' 경우가 많다는 사실이다
2018년 10월 대법원의 강제징용 피해배상 확정 판결 이후
경색된 한 · 일 관계가 4년 5개월 만에
우리 정부의 해법 발표로 정상화의 길로 접어들었다
양국 정부가 수출규제 해제를 위한 협의를 시작한데 이어
정상회담까지 급물살을 탈 것으로 전망된다
박진 외교부 장관은 3월 6일 '제3자 변제'를 골자로 하는
강제징용 해법을 발표했다
'일제강제동원피해자지원재단'이
민간의 자발적 기여를 바탕으로 재원을 마련하고
이를 강제징용 피해자 판결금으로 지급하는 안이다
포스코 등 한일청구권 협정 수혜 기업이
우선기부금을 출연한다
하야시 요시마 일본 외무상도
우리 정부의 발표 직후 기자회견을 열었다
그는 일본의 식민지배에 대한 통렬한 반성과 사죄를 담은

1998년 '김대중-오부치 선언'을 언급하며
"역사 인식에 관한 역대 내각의 입장을
전체적으로 계승하고 있다"고 밝혔다

정부가 4년 5개월을 끌어온
강제동원 문제의 실마리를 푼 데는
"지지율 하락도 감수하겠다"는
윤석열 대통령의 결단이 강하게 작용했다
윤 대통령은 피고기업들의 배상 참여 거부로
양국 협상이 난항을 겪자
"일본 기업들의 결정에 연연하지 말고
우리가 먼저 담대한 결단을 내려야 한다"고 강조했다
한 관계자는 "국민 반발과 지지율 하락이 예상되지만
한 · 일이 미래로 나아가려면
우리가 먼저 결단해야 한다는
윤 대통령의 생각이었다"고 설명했다

정부가 6일 발표한 강제징용 피해배상 해법은
교착된 한 · 일 관계를 한국 주도로 정상화하겠다는
'대승적 결단'이라는 평가다
엄중한 국제정세 속에서
양국 관계 개선의 돌파구를 열어야 한다는
전략적 판단도 작용했다
박 장관이 "외교 · 경제 · 안보 모든 분야에서
한국과 일본의 협력이 대단히 중요하다"며

"이것이 마지막 기회라고 생각한다"고 강조한 배경이다
여기에 징용 피해자들이 고령인 만큼
대법원 확정판결을 존중하면서
실질적인 해법을 제시해야 한다는
시급성도 고려됐다고 한다

조 바이든 미국 대통령이 한국정부가 6일 발표한
강제동원(징용) 해법에 대해
"미국의 가장 가까운 동맹국인 한국과 일본이
협력과 파트너십의 새롭고 획기적인 장을 열었다"며
환영했다
바이든 대통령의 성명은 박진 외교부 장관의
발표 종료 한 시간여 만에 나온 것으로
이례적이라는 평가다
바이든 정부는 그동안 한 · 일 과거사 문제에
입장 표명을 자제해 왔다

정부가 발표한 '제3자 변제'에 대해
여야는 상반된 반응을 보였다
야권은 "역사상 최악의 외교참사"
"제2의 경술국치"라며 철회를 촉구한 반면에
국민의힘은 "대승적 결단"이라고 평가했다
더불어민주당 이재명 대표는
"윤석열 정권이 결국 역사 정의를 배신하는
길을 선택한 것 같다"며

"삼전도 굴욕"에 버금가는 외교 최대 치욕이자
오점이 아닐 수 없다"고 했다

정부의 강제징용 해법 발표 이후
한·미·일 정상외교가 빨라지고 있다
백악관은 3월 7일 윤석열 대통령에 대한
4월 국빈방문 초청일정을 공식 발표했다
백악관은 "두 정상이 굳건한 한·미동맹의
중요성을 강조할 것"이라고 말했다
조바이든 대통령 취임 후 미국을 국빈 방문한 정상은
마크롱 프랑스 대통령에 이어 두 번째다
바이든 대통령의 국빈방문 초청은
윤 대통령이 강제징용 문제 해결을 통한
한·일 관계 개선에 속도를 낸 게 일본뿐이 아닌
한·미·일 삼각 동맹을 추구해온
미국의 화답을 받은 것이란 의미가 있다

윤석열 대통령이 한·일관계 정상화 작업에
속도를 내고 있다
지난 6일 정부가 발표한 강제징용 해법의
정치적 여진이 이어지는 상황에서도
한·일 셔틀외교 재개 움직임이 본격화하는 모양새다
윤 대통령은 이르면 3월 중순 일본을 방문해
기시다 후미오(岸田文雄) 일본 총리와 정상회담을
개최할 예정인데 교도통신은 16-17일로 특정했다

여당 새대표 김기현

집권여당인 국민의힘 새 당 대표에 4선의
김기현 의원(64)이 선출됐다
친윤 진영의 전폭적인 지지 받은 김 대표뿐 아니라
최고위원 4인과 청년최고위원 1명도
친윤계 인사들이 당선됐다
3월 8일 경기 고양 킨텍스에서 개최한 전당대회에서
김기현 대표 52.93%로
안철수 의원 23.37%
천하람 전남순천 · 광양 · 곡성 · 구례갑 당협위원장 14.98%
황교안 전 대표 8.72%를 여유있게 눌렀다
김기현 대표와 함께 지도부를 구성할
최고위원 역시 친윤 색채가 강한 후보들로 채워졌다
8명이 경쟁한 최고위원 선거에서
김재원 전 의원 17.55%
김병민 서울 광진갑 당협위원장 16.10%
조수진 의원 13.18%
태영호 의원 13.11%로 당선됐다
청년최고위원에는 청년재단 정예찬 이사장이 뽑혔다
친윤 진영과 대립각을 세웠던
이준석 전 대표가 지원했던 후보들은 모두 낙선했다

김 대표는 수락연설에서 “민생을 살려내서
내년 총선 승리를 반드시 이끌어내겠다”고 했다
“더 이상 친윤 · 반윤이라는 이야기를 하지 말고
윤 대통령을 중심으로 똘똘 뭉치라는
당원들의 확고한 의지가 확인됐다”며
“연포탕(연대 · 포용 · 탕평)을 만들어 가겠다”고 했다
현직 대통령으로는 7년 만에
집권여당 전당 대회에 참석한 윤 대통령은
“나라의 위기 그리고 당의 위기를 자신의
정치적 기회로 악용하면 절대 안 된다”며
“부당한 세력과 싸우는 것을 주저하지 말고
두려워하지 말아야 한다”고 말했다

김기현 신임대표는 서울대 법대 78학번으로
79학번인 윤석열 대통령의 대학 1년 선배다
이런 인연 등으로 윤 대통령은 김 대표를
‘선배’라고 부르는 것으로 알려졌다
울산 출신인 김 대표는 부산동고와
서울대 법학과를 졸업했다
사법시험 25회로 합격한 뒤 대구지법과
부산지법 울산지원에서 4년간 판사를 지냈다
이후 울산에서 변호사 생활을 하던 김 대표는
17대 총선에서 울산남을에서
한나라당 소속으로 당선된 뒤 내리 3선을 했다

이어 2014년 울산시장에 당선됐다
김 대표는 2018년 울산시장 재선에 도전했지만
문재인 대통령의 30년지기인 더불어민주당
송철호 후보에게 패했다
이때 청와대의
울산시장 선거 개입·하명수사 의혹이 불거졌고
김 대표는 2020년 총선에서 당선돼
다시 여의도에 진출했다

5번째 의문의 죽음

이재명 연루 의혹사건 5번째 사망…
다불어민주당 이재명 대표의 최측근으로
경기도지사 시절 초대 비서실장을 지낸
전형수(64) 씨가 자택에서 숨진 채 발견됐다
경찰은 "전씨가 최근 대장동 개발사업
관련 피의자로 입건돼 극심한 스트레스를 받고 있었다"는
주변진술을 확보하고 사망 경위를 조사 중이다
이로써 이재명 대표 연루 의혹사건 관련
사망자는 총 5명이 됐다
2021년 12월 유한기 성남도시 개발공사 본부장과
김문기 성남도시 개발사업 1처장이 극단적 선택을 했다
2022년 1월 변호사비 대납 의혹 사건의
제보자인 이모 씨가 숨졌고
2022년 7월에는 이 대표의 부인 김혜경 씨의
법인카드 사적 유용 의혹과 관련해
경찰의 참고인 조사를 받은
40대 남성이 극단적 선택을 했다

이재명 더불어민주당 대표가
자신의 경기지사 시절 비서실장을 지낸
전형수 씨의 사망에 대해

3월 10일 전례 없이 격앙된 반응을 보였다
“그야말로 광기다
검찰의 미친 칼질을 도저히 용서할 수 없다”
이 대표는 오후 일정을 모두 취소하고
1시에 빈소가 마련된 성남시의료원을 찾았다
그러나 유가족과 협의가 이뤄지지 않아
오후 7시 42분가량 대기하다가 조문했다
전 씨의 사망으로 민생행보를 통해
‘사법리스크’ 수사 국면을 돌파하려던
이 대표의 정치적 행보 역시 차질이 불가피해졌다
전 씨의 유서에서도 이 대표에게
“이제 정치를 내려놓으십시오
대표님과 함께 일한 사람들의
희생이 더 이상 없어야지요”란는 언급이 있는 만큼
거취 결단에 영향을 미칠 것이란 관측이 나온다

여당은 이 대표 책임론을 제기하며
‘결자해지’를 촉구했나
김기현 국민의힘 대표는 이날 기자들과 만나
“이 대표를 둘러싸고 있는
죽음의 그림자에 섬뜩함을 금할 수 없다”며
“민주당 대표로서 직무 수행이 적합한지에 대한
심사숙고가 필요하다고 생각한다”고 말했다
양금희 수석대변인은 “죽음의 행렬을 멈추는

유일한 방법은 이 대표의 진실고백"이라고 논평했고
주호영 원내대표는 "우선 숨진 분의 명복을 빈다
너무나 안타깝다"면서
"이재명 대표와 관련된 5명이
왜 이렇게 목숨을 버리는 결정을 하는지 궁금하다
이 대표의 입장을 듣고 싶다"고 말했다
그는 민주당에서
검찰의 과도한 수사를 이유로 드는데 대해
"검찰의 과도한 수사라면
무슨 가혹행위나 고문이 있어야 하는데
지금까지 목숨을 버린 분들은
그런 주장을 안 하지 않았느냐"고 반박했다

시진핑 주석 3연임

2023년 3월 10일 베이징 인민대회당에서 열린
14기 1차 회의 제3차 전체회의에서 실시된
국가주석 투표에서 만장일치로
시진핑(習近平) 중국 국가주석이 되었디
1949년 중화인민공화국 건국 이후 처음으로
3연임에 성공한 국가주석이 됐다
27년 동안 종신 집권했던 마오쩌둥(毛澤東) 전 주석도
사망할 때까지 공산당 권력은 쥐고 있었지만
국가주석 자리를 유하진 못했다
이에 따라 시 주석이
중국의 당 · 정 · 군 권력을 틀어쥐면서
명실상부한 '1인독재 체제'를 완성했다는 분석과 함께
사실상 종신 집권의 길에 들어섰다는 평가가 나온다

북한이 3월 9일 서해상에서 발사한 단거리 탄도미사일은
북한이 전방 포병부대에 대거 배치해
서울 등 수도권을 무차별 타격할 용도로 개발 중인
신형전술유도무기인 것으로 밝혀졌다
특히 북한은 "적 작전 비행장을 겨냥했다"며
6발을 동시에 발사하는 모습을 공개했다
최대사거리 100km인 이 미사일을 MDL에서 발사하면

경기 평택 · 수원의 한미공국기지를 목표로 삼을 수 있다
10일 노동신문은 전날 김정은 위원장이
“서부전선의 적 작전 비행장을 담당하는
제8화력 습격 중대의 실전 대응 태세를 검열했다”며
“중대는 적 작전비행장 주요 요소를 가상해 설정된
서해 목표 수역이 일제 사격을 가했다”고 보도했다
김 위원장은 둘째 딸 김주애를 데리고
발사 현장에 나타났다
합참 관계자는 “3월 13일 시작되는 한미연합연습
‘프리던실드(FS)’와 관련해 긴장 수위를 높이면서
도발 책임을 한미에 전가하려는 것”이라며
“6발을 동시에 쏘려고 발사대 여러 대를 밀집시킨 건
전술적으로 맞지 않지만 무력시위 효과를
극대화하기 위한 것으로 보고 있다”고 말했다

이재명 측근 유서

더불어민주당 이재명 대표 경기도지사 시절
전형수 전 비서실장의 유서에서
이 대표에게 "주변 측근들이 진정성 있도록
인간성을 길러 달라"는 취지의
당부를 남긴 것으로 알려졌다
전형수 전 비서실장의 유서 첫 문장이
"이 대표는 이제 정치 내려 놓으십시오"로 시작해
"대표님과 함께 일한 사람들의
희생이 더 이상 없어야지요" 등으로
이어진 것으로 전해졌다
자신을 끝으로 더 이상의 희생을 막기 위해
이 대표에게 정치를 그만둘 것을
유서 첫머리부터 권한 것이다
또 이 대표를 향해 "현재 진행되는 검찰 수사 관련
본인 책임을 다 알고 있지 않습니까"라는
내용도 남긴 것으로 알려졌다

SVB 파산 후폭풍

조 바이든 미국 대통령까지 예금 보장을 외치며
실리콘벨리은행(SVB) 파산 후폭풍 차단에 나섰지만
3월 13일 미국 뉴욕 증시에서
지역 중소형은행 주가가 급락했고
추가 파산하는 은행이 나올 것이란 불안이 여전하다
3월 13-14일 양일간 세계 금융주의
시가총액 4,650억 달러(607조원) 증발했다
2020년 세계은행 기준 태국 GDP와 맞먹는 규모다
미국발 금융리스크 우려로
14일 국내 주식시장은 2%넘게 추락하며
올해 최대 낙폭을 기록했다

삼성 300조 원 투자

삼성전자가 300조 원을 투자해
경기도 용인시에 세계 최대 규모의
시스템 반도체를 만들기로 했다
정부는 반도체 · 미래자동차 · 원선 · 우주분야 등
미래 첨단산업 육성을 위한 국가첨단 산업단지를
전국 15곳에 조성키로 했다
윤석열 대통령은 3월 15일 청와대 영빈관에서
14차 비상경제민생회의를 주재하고
"300조 원에 달하는 대규모 민간 투자를 바탕으로
수도권에 세계 규모의
신규 시스템반도체 클러스터를 구축하겠다"고 밝혔다
삼성전자는 경기 용인 시스템반도체 클러스터 조성에
20년간 300조 원을 투자할 계획이다
클러스터에는 첨단 반도체 제조공장 5개를 구축하고
소재 · 부품 · 장비 기업 팹리스(반도체 설계) 기업 등
150곳을 유치한다

도쿄 한 · 일정상회담

윤석열 대통령과 기시다 후미오 일본 총리가
3월 16일 미래 세대를 위해
새로운 한 · 일 관계를 열어가기로 합의했다
두 정상은 북핵 위협에 대응하기 위한 협의체인
한 · 일 경제안보대화를 출범시키기로 했다
윤 대통령과 기시다 총리는 총리공관에서 열린
정상회담 직후 기자회견에서
"1998년 김대중-오부치 공동선언을
발전적으로 계승하기로 했다"며 이같이 밝혔다
윤 대통령은 생중계된 공동 기자회견에서
"한국과 일본은 안보 · 경제 · 글로벌아젠다에서
공동의 이익을 추구하는 가장 가까운 이웃이자
협력해야할 파트너"라며
"오늘의 회담에서 저와 기시다 총리는
한 · 일관계를 조속히 회복시켜 나가자는데
뜻을 같이했다"고 말했다
"제3자 변제를 골자로 한 강제징용 피해배상 후
일본 피고기업에 대한 구상권 행사 여부에 대해선
"구상권 행사는
모든 문제를 원위치로 돌려놓는 것"이라며
"상정하고 있지 않다"고 강조했다
기시다 총리는 "윤 대통령의 일본 방문은

한 · 일관계 정상화에
커다란 한 걸음이 될 것"이라고 강조했다
우리 정부의 강제징용 해법에 대해선
"매우 어려운 상황에 있었던 양국 관계를
건전한 관계를 되돌리기 위한 노력"이라고 평가했다
기시다 총리는 북한이 이날 쏜
대륙간탄도 사일(ICBM)을 거론하며
"미일동맹 · 한미동맹의 억지력과 대처력을
한층 더 화하고 한일 · 한미일 3국 사이에서도
안보 협력을 강력하게 추진하는 것의
중요성을 확인했다"고 했다
양국 정상은 이날 형식에 구애받지 않고
필요하면 수시로 만날 수 있는
정상 셔틀 외교를 재개하는 데에도 합의했다

두 정상은 회담 뒤 기시다 총리부부 초청으로
도쿄 번화가인 긴자의 노포 두 곳에서 만찬을 했다
유명 스키야키 · 샤부샤부 전문점인 요시자와(吉澤)에서
정상 부부 네 명이 1차로 저녁식사를 하고
2차로 윤 대통령과 기시다 총리가
일본식 돈가스와 오므라이스 발상지로 알려진
렌가테이(煉瓦亭)로 자리를 옮겨 대화를 이어갔다
대변인에 따르면 요시자와 식당에 미리 와 있던
기시다 총리가 입구까지 나와 윤 대통령 부부를 맞았고
두 정상부부는 바닥이 꺼진 전통 일본식방(호리코타쓰)에

통역만 배석하고 앉아 식사했다
일본 관례상 두 부부만 동반하는 만찬은
매우 드문편이라고 했다

북한이 16일 오전 윤석열 대통령의
한 · 일 정상회담 출국 2시간 40분 전에
대륙간탄도미사일(ICBM)을 발사했다
윤 대통령은 출국에 앞서
긴급국가안전보장회의(NSC) 상임위원회에 참석해
"북한의 무모한 도발은 분명히
대가를 치를 것"이라고 경고했다
강대강 대립 구도에서 북한 미사일 도발
한 · 미 · 일 연합훈련 실시 등 공조 강화
북 · 중 · 러 연대 움직임으로 이어지는
악순환이 고착되고 있다
합동참모본부는 이날 오전 7시 10분 쯤
평양 순안 일대에서 동해 쪽으로 발사된
ICBM 한 발을 포착했다
이 미사일은 고각으로 발사돼
약 1,000km를 비행한 뒤 동해에 떨어졌다

윤석열 대통령은 16일 방일 첫 일정으로
재일동포를 만나 "책임 있는 정치인이라면
한 · 일 양국 문제를 국내 정치나 자기 입지에
활용해선 안 된다고 생각한다"며

"민주국가에서 국민에 대한 도리가 아니다"라고 말했다
"지금 양국은 더 나은 미래로 나아가기 위한
출발점에 서있다"고 하면서다
윤 대통령은 이날 도쿄 시내 호텔에서 열린
재일동포 오찬간담회에 부인 김건희 여사와 참석해
"한국과 일본은 가까운 이웃이자
우리와 민주주의 보편적 가치를 공유하는 국가"라며
"세계적인 복합위기와 북핵 · 미사일 위협으로 인해
일본과의 연대와 협력은
그 어느 때보다 중요해지고 있다"고 말했다
그러면서 "조국에 대한 여러분의 변함없는 애정과 성원은
미래지향적 한 · 일관계를 만들어 나가는데
큰 힘이 될 것"이라고 했다
윤 대통령은 강제징용 해법 등
관계개선에 나선 이유에 대해 "동포 여러분들 때문이다
한 · 일 관계가 불편하거나 악화되면
동포들부터 힘이 든다
정부 대표로서 동포 여러분께 사과드린다"고 했다
이어 "나보고 어려운 결단을 했다고 하는데
너무 당연한 결정을 한 것이다"라며
"앞으로 담대한 마음을 갖고
한 · 일관계를 이끌어가겠다"고도 했다

윤 대통령 방일 평가

윤석열 대통령의 방일 이틀째 키워드는 미래'였다
3월 16일 기사다 후미오 일본 총리와의 정상회담에서
양국 관계 정상화와 협력 발전 방안 등을 논의한
윤 대통령은 17일에도 일본 재계 인사와
청년세대를 두루 만나며 소통하는 시간을 가졌다
특히 모든 자리에서 '미래 세대'를 강조한 게 주목을 모았다
윤 대통령은 "정치인이 다룰 문제는 미래다
미래를 생각하고 다루는 게
정치인의 국민에 대한 예의"라며
"양국 협력이 높은 차원의 협력관계로 발전하기 위해서는
미래세대의 교류와 참여가 매우 중요하다"고 말했다
윤 대통령은 17일 오전엔
아소 다로스가 요시데 전 총리를 등
일본 정재계 인사들을 접견한 데 이어
오후엔 게이오대에서 열린 한 · 일 미래 세대 강연회'에서
일본 대학생들과 소통하는 자리를 가졌다
이번 방일을 통해 2011년 이후 12년간 중단됐던
한 · 일 정상간 교류를 재개한 윤 대통령은
1박 2일 일정을 마친 뒤 이날 저녁 귀국했다

한 · 일 정상회담 결과에 대해 여야는

전혀 상반된 반응을 보였다
더불어민주당은 "숭일외교이자 내선일체"라며
강력히 비난한 반면
국민의힘은 "역사가 평가해줄 것"이라고 반박했다
이재명 민주당 대표는 최고위원회의에서
"일본에 조공을 바치고 화해를 간청하는
항복식 같은 참담한 모습이었다"며
"결국 일본의 하수인이 되는 길을
선택한 것"이라고 비판했다
'일본에 구상권을 행사하지 않을 것'이란
윤석열 대통령의 언급에 대해서도
"이쯤 되면 친일 논쟁을 넘어
숭일 논쟁이 벌어질 지경"이라고 꼬집었다
이 대표는 이날 선거법위반 혐의 재판에 출석하면서도
취재진 질문에 "재판도 중요한데
한·일 외교가 이렇게 망가진 것에
더 관심을 가져달라"고 당부하기도 했다
주호영 국민의힘 원내대표는 원내대책회의에서
"국민과 미래를 위한 윤석열 정부의 결단을
역사가 제대로 평가해줄 것"이라며
적극 옹호하고 나섰다

전국경제인연합회(전경련)와
일본 경제단체연합회(게이단렌)는

17일 정오부터 일본 도쿄 게이단렌회관에서
윤석열 대통령이 참석한
'한·일 비즈니스 라운드테이블' 행사를 열었다
이재용 삼성전자 회장·최태원 SK그룹 회장
정의선 현대차그룹 회장·구광모 LG그룹 회장 등
주요 대기업 총수들이 일본 경제인들과 만나
미래지향적 관계 구축과 사업 협력 확대를 약속했다

888일 만에 노마스크

2023년 3월 20일부터 대중교통에서
코로나19 방역마스크를 벗을 수 있게 됐다
2020년 10월 13일 이후 888일 만이다
마스크를 쓰지 않고도 버스 · 시하철 · 택시 등
대중교통과 대형마트 · 기차역 안에 있는
개방형 약국을 이용할 수 있다
다만 승객이 많이 몰리는 출퇴근 등
혼잡 시간대에는 마스크를 써야
감염을 예방할 수 있다고 방역당국은 당부했다
이제 마스크 착용 의무가 남아있는 곳은
일반약국 · 병원 · 장애인복지시설 같은 감염취약시설이다
정부가 대중교통 마스크 규제를 해제하기로 한 데는
지난해 초겨울 시작된 7차 대유행이 사실상 끝난 데다
새로운 변이 바이러스로 인한
재유행 가능성도 낮다는 판단에서다
그동안 국내에서 3,000만 명 넘는 감염자와
34,000여 명의 사망자를 낸
코로나 종식을 눈앞에 두게 된 것이다

혁명탑의 건립

박정희 정신을 기리는 혁명탑은 누가 세울까?
그 시기가 다가오고 있다
지금 정치권에서는 여야 막론하고
인기가 바닥을 기고 있다
이러다가는 2024년 4월 총선에서
어느 당도 승리를 장담할 수가 없게 되었다
국면전환용으로 '혁명탑 건립'을 들고 나올
가능성이 높아지고 있다
시기적으로도 그럴 때가 되었다
윤상현 의원이 국민의힘 당대표 선거에 출마하면서
시작된 일이기는 하지만
국민의힘이 먼저 치고 나올 수 있을까
아니면 더불어민주당이 선수를 칠지
그건 예단할 수가 없고 그럴 가능성이
어느 때보다 높이지고 있는 것은 사실이다
내친김에 윤상현 의원이 모금운동을 벌여
'혁명탑 건립'을 추진하는 게 답(答)일 수도 있다

한 · 일 관계 정면 돌파

윤석열 대통령이 3월 21일
"우리 사회에 배타적 민족주의와 반일을 외치면서
정치적 이득을 취하려는 세력이 엄연히 존재한다"며
"전임 정부는 수렁에 빠진
한 · 일관계를 그대로 방치했다"고 밝혔다
윤 대통령은 한일 정상회담 후
처음 열린 국무회의 모두발언에서
"저 역시 눈앞의 정치적 이익을 위한 편한 길을 선택해
역대 최악의 한일관계를 방치하는
대통령이 될 수도 있었다"며 이같이 밝혔다
그러면서 "작금의 엄중한 국제 정세를 뒤로하고
적대적 민족주의와 반일 감정을 자극해
정치에 활용하려 한다면
대통령으로서의 책무를 버리는 것"이라고
한일관계 복원의 정당성을 강조했다

향후 한일관계의 핵심 변수로 떠오른
일본의 호응 조치에 대해선
"일본은 이미 수십 차례에 걸쳐 과거사 문제에 대해
반성과 사과를 표했다"며
"한국이 선제적으로 걸림돌을 제거해 나간다면

분명 일본도 호응해 올 것"이라고 말했다
"현제와 과거를 서로 경쟁시킨다면
미래를 놓치게 될 것"이라는
윈스턴 처칠 영국 총리 어록으로 시작한
윤 대통령은 "과거를 직시하고 기억해야 한다"면서도
"과거에 발목을 잡혀선 안 된다"며
"한일관계도 이제 과거를 넘어서야 한다"고 말했다
윤 대통령은 "지금 우리는 역사의 새로운 전환점에 서 있다
저는 현명한 우리 국민을 믿는다"고 천명했다
최근 몇 년 새 굴곡진 한일관계의 장면을 열거한
윤 대통령은 "마치 출구가 없는
미로 속에 갇힌 기분이었다"고 토로했다
"그러나 손을 놓고 마냥 지켜볼 수만은 없었다
우리를 둘러싼 복합 위기 속에서 한일 협력의 필요성은
더욱 커졌기 때문"이라고 했다

전임 문재인 정부를 콕 집어
"수렁에 빠진 한일관계를 그대로 방치했다"고 비판한
윤 대통령은 "저 역시 눈앞의 정치적 이익을 위해
편한 길을 선택해 역대 최악의 한일 관계를 방치하는
대통령이 될 수도 있었다"
"이제 일본을 당당하고 자신 있게 대해야 한다"며
한일 관계의 새로운 지향점을 도출하려던 시도로
박정희 대통령의 1965년 한일 국교 정상화 결단 덕분에

삼성 · 현대 · LG·포스코와 같은 기업들이 세
계적 경쟁력을 갖춘 기업으로 성장할 수 있었다며
'박정희 정신'을 강조했다
김대중 대통령은 일본 방문 연설에서
"역사적으로 한국과 일본의 관계가 불행했던 것은
일본이 한국을 침략한 7년간과 식민지배 35년 간이었다
50년도 안 되는 불행한 역사 때문에
1,500년에 걸친 교류와 협력의 역사를
무의미하게 만드는 것은 참으로 어리석은 일"이라는 것을
예로 들기도 했다
대통령실 관계자는 "국내 반발 여론을 직접 설득하겠다는
윤 대통령의 의지가 반영된 것"이라며
불리한 구도에서도 물러서지 않는
특유의 승부사적 기질이 발견됐다"고 전했다

이재명 불구속 기소

검찰이 위례·대장동 개발사업 비리와
상남FC 불법 후원금 혐의로
20대 대통령선거 전인 2021년 9월 수사를 시작한 지
1년 6개월 만에 이재명 더불어민주당 대표를
3월 22일 재판에 넘겼다
서울중앙지검 반부패수사1부(부장 엄희준)는
이 대표에게 위례·대장동 사건과 관련해
특정범죄가중처벌법상 배임
이해충돌방지법 및 부패방지법 위반 혐의를 적용해
불구속 기소했다
검찰은 또 이 대표가
성남FC 후원금 133억5천만 원을 받은 혐의에 대해선
특정범죄가중처벌법상 뇌물 혐의로 기소했다
네이버에서 40억 원을 받으면서
비영리단체를 중간에 끼워 넣어
후원 사실을 숨긴 점에 대해선
범죄수익은닉규제법 위반 혐의를 적용했다
이 대표는 "검찰이 압수수색·체포영장 쇼를 벌이면서
시간을 끌고 정치적으로 활용하다가
정해진 답대로 기소한 것"이라며 반발했다

김제방 역사학자의 출판도서 연보

김제방 역사학자의 출판도서 연보

수필집(여름사 · 지문사 · 행림출판)

1988년 인간적인 것이 그립다

1989년 빌딩 숲에 매달린 고슴도치

1991년 어느 여름밤의 방황

1992년 물꼬를 터가는 사람들

1993년 사도세자 압구정역 하차, 비에 젖은 남치맛자락

1994년 둥지를 찾아 헤매는 텃새

1996년 호박이 넝쿨째 굴렀네, 목화꽃이 필 무렵

시집(지문사 · 한솜)

1998년 이집트로 가는 길

1999년 오아시스로 가는 길

2000년 베이징으로 가는 길

2001년 긴 만남 짧은 이야기, 왕건의 나라, 장하다 홍국영

2003년 홍선대원군 · 명성황후

2004년 고종황제의 최후

2005년 이승만과 김구의 대좌

2006년 박통의 그늘, 세종대왕의 실수

2007년 불타는 창덕궁

역사서(문학공원)

2009년 한국근현대사

2010년 한국중고대사

2011년 조선왕조사, 한국민주화역사

2013년 성공한국사

2015년 한국현대사 · 1, 한국현대사 · 2, 한국현대사 · 3

2016년 한국현대사 · 4

2017년 한국현대사 · 5, 한국현대사 · 6

2018년 세계사와 함께 읽는 재미있는 韓國史

역사서사시집(문학공원)

2018년 우면산 돌담불

2019년 한강의 기적, 5 · 16혁명

2020년 박정희 황금시대, 문재인 적폐시대, 이승만 건국시대, 전두환 오판시대

2021년 코로나 비상시대, 흔들린 민주주의, 박정희 100년 시대, 추억의 대한제국

2022년 선진국 대한민국, 선진국 원년의 한국, 윤석열 대통령 시대

2023년 한국혁명의 빛, 중동건설붐 이후, 박정희 정신

- 이상 저서 총 50권

김제방 선생 저서에 대한
출판사 편집후기

우리 민족의 영욕을 승화한 서사산맥

김 순 진(문학평론가 · 은평예총 회장)

수필가이자 역사학자인 김제방 선생(공인회계사)께서 드디어 50권의 저서를 출간하신다. 권수야 50권이지만, 2009년 『한국근현대사』를 시작으로 김제방 선생께서 저술하신 역사서는 『한국중고대사』, 『조선왕조사』, 『한국민주화역사』, 『성공한국사』, 『한국현대사 · 1』, 『한국현대사 · 2』, 『한국현대사 · 3』, 『한국현대사 · 4』, 『한국현대사 · 5』, 『한국현대사 · 6』, 『세계사와 함께 읽는 재미있는 韓國史』 등 모두 12권으로 그 페이지 수만 해도 무려 6,000여 페이지에 이른다. 게다가 그동안 출간해오신 수필집이 7권, 시집이 9권, 역사서사시집이 17권이니, 드디어 50권 출간의 쾌거를 이루셨다. 이는 개인이 이룬 업적이지만, 한 국가가 세운 문명인 이집트의 피라미드나, 페루의 마추픽추, 중국의 만리장성에 비교되는 쾌거라 할 수 있다.

지금의 중국 역사는 기원전 145년에 한나라에서 태어난 사마천(司馬遷)은 『태사공서』를 집필하던 도중 흉노족에게 포위당해 항복한 이릉(李陵) 장군을 변호하다가 한무제(漢武帝)의 노여움을 사서 옥에 갇혀 사형을 선고했고, 이때 사형을 면하려면 돈 50만 전을 내고 서민으로 풀려는 것과 궁형 중 하나를 택해야 했는데, 가난했던 사마천은 결국 역사를 쓰다 마치지 못하고 사형당한 선친의 유지를 받들기 위해 궁형을 받고 성불구자가 되었지만, 마침내 『태사공서』를 완성한다. 이 책이 훗날 이름이 바뀌어 『사기(史記)』로 전해지는 것이다.

김제방 선생께서 사마담이나 사마천처럼 나라나 주변으로부터 핍박당한 것은 아니지만, 그는 보수의 측면에서 한국의 역사를 보고 있다. 따라서 보수를 제외한 진보세력으로부터 끊임없는 시기와 반발이 있었을 줄 안다. 그럼에도 늘 한결같은 우국충정의 마음으로 마침내 우리나라의 역사를 모두 정리해놓으신 업적은 우리 민족의 영욕을 승화한 서사산맥이라 하겠다. 연세가 아흔이신 김김제방 선생께서 왜 이리 열심히 역사를 정리해오셨는지 이제야 알겠다. 이 책들은 수백 년 수천 년 후에도 매우 중요한 자료가 되리라 확신한다.

김제방 선생과 필자는 같은 조상을 모신 안산김씨(安山金氏) 종인이다. 김제방 어른은 아버지와는 한동네에서 태어나고 자라신 분으로 부모 같은 분이다. 그런 분과 함께 수십 권의 저서를 출간해오면서 때로는 정치적 견해가 달라 힘들기도 했지만, 전체적으로 볼 때 엄청난 공부를 시켜주셨고, 수십 년 동안 한결같은 마음으로 우리나라의 역사를 완결해내신 업적에 숙연해진다. 수없이 많은 밤을 지새며 집필하신 그동안의 수고에 우레 같은 박수를 보내드린다.

우국충정과 감사의 마음을 엿보며

전 하 라(시인 · 도서출판 문학공원 편집장)

도서출판 문학공원에 입사한 지 얼마 안 되어 『한국현대사 · 1』을 시작으로 김제방 선생님의 역사서를 편집하고 교정을 보기 시작하였습니다. 그리고 『한국현대사 · 6』권의 교정을 마치고 2018년에 『세계사와 함께 읽는 재미있는 韓國史』의 교정을 보았을 때 저는 우리나라 역사에 대해 큰 관심을 가지며 어느 정도 역사를 알고 이해할 수 있었습니다. 그리고 2018년에 집필하신 『우면산 돌담불』이란 시집을 시작으로 17권의 역사서사시집을 출간해오시면서 제가 배우고 익힌 역사에 관한 지식은 한국사람으로 자부심을 느낄 수 있는 수준에 이르렀습니다. 모두 김제방 선생님을 만난 덕분입니다.

그동안 김제방 선생님과는 밥도 많이 먹고, 여행도 많이 했습니다. 동구릉, 서삼릉, 서오릉, 파주삼릉, 여주 영릉 등 조선의 왕릉을 거의 다 함께 들러 보았고, 고려 공양왕릉까지 들러보면서 많은 공부를 했고, 바쁜 출판사 일에 여가를 함께 즐기며 선생님과 정도 많이 들었습니다.

10년이 넘는 기간 동안 김제방 선생님을 만나오면서 가끔씩 판소리를 하시던 일찍 돌아가신 아버지가 그리웠고,

그래서 술 담배를 멀리하고, 건강을 잘 챙기시며 역사라는 한 가지 일에 매진하시는 모습이 존경스럽기도 했습니다.

제가 김제방 선생님의 책을 편집하고 교정해오면서 느낀 점은, 선생님은 우리나라를 정말로 사랑한다는 점이었습니다. 그리고 우리나라가 이만큼 잘살게 된 것과 배부르게 먹을 수 있는 환경을 마련해준 박정희 대통령에 대하여 진심으로 감사하고 있다는 점이었습니다. 역사를 잊은 민족에겐 미래가 없다고 합니다. 김제방 선생님께서 불철주야 역사를 집필해오셨던 까닭은 우국충정과 우리 민족의 미래를 위함이었음을 깨닫습니다. 그리고 그런 아름답고 숭고한 마음 씀씀이에 대해 감사드립니다.

앞으로 점점 더 세계화되고 선진화되어가는 우리나라의 밑바탕에는 침략하지 않고 견뎌온 우리의 역사가 있었다는 것을 김제방 선생님의 작업을 통해 더욱 많은 사람들이 알게 되었으면 좋겠습니다.

앞으로 몇 년 동안이나 더 김제방 선생님을 만날 수 있을는지 모릅니다. 지금 90세이시니 100세를 사신다고 해도 10년밖에 남지 않았습니다. 그런 생각을 하니 눈물이 납니다. 50권의 저술을 진심으로 축하드리며, 존경과 사랑의 마음을 보내드립니다.

김제방 선생님 오래오래 건강하세요.

김제방 역사서사시집

박정희 정신

초판발행일 2023년 9월 1일

지은이 : 김제방
발행인 : 김순진
편집장 : 전하라
디자인 : 김초롱
펴낸곳 : 도서출판 문학공원
등 록 : 2004년 3월 9일 제6-706호
주 소 : 우편번호 03382 서울 은평구 통일로 633
녹번오피스텔 501호 스토리문학사
전 화 : 02-2234-1666
팩 스 : 02-2236-1666
홈페이지 : https://blog.naver.com/ksj5562
이메일 : 4615562@hanmail.net

※ 책값은 뒤표지에 있습니다.